Adam Stadtmiller

Meine 100 Elefanten

Sprenge die Grenzen
deiner Gebete und erlebe
Gottes Wunder

Deutsch von Beate Zobel

Originally published in English under the title: *Praying for Your Elephant*
© 2015 by Adam Stadtmiller
David C Cook, 4050 Lee Vance View, Colorado Springs, Colorado 80918 U.S.A.

Titel der US-amerikanischen Originalausgabe: *Praying for Your Elephant*
Copyright © 2015 Adam Stadtmiller
David C Cook, 4050 Lee Vance View, Colorado Springs, Colorado 80918 U.S.A.

Wenn nicht anders angegeben, sind die Bibelstellen der Übersetzung Hoffnung für alle® entnommen, Copyright © 1983, 1996, 2002 by Biblica, Inc.®.
Verwendet mit freundlicher Genehmigung von Fontis – Brunnen Basel.

Alle weiteren Bibelübersetzungen sind wie folgt gekennzeichnet:

L – Lutherbibel, revidierter Text 1984, durchgesehene Ausgabe,
© 1999 Deutsche Bibelgesellschaft, Stuttgart.

NGÜ – Neue Genfer Übersetzung – Neues Testament und Psalmen.
Copyright © 2011 Genfer Bibelgesellschaft. Wiedergegeben mit freundlicher Genehmigung. Alle Rechte vorbehalten.

GNB – Gute Nachricht Bibel, revidierte Fassung, durchgesehene Ausgabe,
© 2000 Deutsche Bibelgesellschaft, Stuttgart.

NLB – Neues Leben. Die Bibel © 2002 und 2006 SCM R.Brockhaus im SCM-Verlag GmbH & Co. KG, Witten.

EÜ – Einheitsübersetzung der Heiligen Schrift
© 1980 Katholische Bibelanstalt, Stuttgart.

© 2016 Brunnen Verlag Gießen
www.brunnen-verlag.de
Lektorat: Konstanze von der Pahlen
Elefantenillustration: vichkared/shutterstock
Umschlaggestaltung: Daniela Sprenger
Satz: DTP Brunnen
Druck: GGP Media GmbH, Pößneck
ISBN 978-3-7655-2059-4

Dieses Buch möchte ich meiner Mutter, Virginia Stadtmiller, widmen. Sie stand an den Pforten der Hölle und kämpfte und betete für mich, während ich als Süchtiger versuchte, mein Leben wegzuwerfen. Von ihr habe ich das Beten gelernt. „Gebet ist immer die Antwort!", lautet ihr Lebensmotto. Das hat auch mein Leben geprägt.

Inhalt

Einleitung
Ein entspanntes Gebetsleben 7

Teil eins
Elefanten-Gebete

1 Um Elefanten bitten............................... 11

Meine **100** Elefanten................................ 26

2 Trau dich!.. 30

3 Was sind meine Elefanten? 44

Teil zwei
Wie man Elefanten fängt

4 Außerhalb von Raum und Zeit 59

5 Goldgräber 70

Teil drei
Elefanten verstehen

6 Ich will alles, und zwar sofort 91

7 Wir können nichts tun 108

8 Extra naturbelassen 116

9 Wir sind die Antwort 130

Teil vier
Vorsicht mit den Elefanten

10 Elefanten anbeten 145

11 Elefantenfriedhof 160

Schluss
Elefantastische Abenteuer

12 Unsere neue Welt 177

Anmerkungen 189

Einleitung
Ein entspanntes Gebetsleben

Es gibt verschiedene Gründe, warum ich dieses Buch schreiben wollte. Ich kenne viele Christen, die dem Thema Gebet am liebsten ausweichen, weil sie dabei ein schlechtes Gewissen bekommen. Sie denken, dass sie zu wenig beten. Andere haben Angst, zu viel von Gott zu verlangen. Manche wissen nicht, was sie beten sollen, oder sie können sich nicht vorstellen, dass ihr Beten etwas bringt. Für sie ist dieses Buch ganz besonders bestimmt. Ihnen möchte ich zeigen, wie schön ein entspanntes Gebetsleben sein kann.

Scham und Schuldgefühle schaden unserem Beten nur. Sie reduzieren die unendlichen Möglichkeiten der unsichtbaren Welt auf unsere eigenen begrenzten Fähigkeiten. Schuldgefühle hindern uns auch daran herauszufinden, was Gott alles für uns hat. Trotzdem lässt Gott es sich nicht nehmen, in uns und in unserer Umgebung zu wirken. Schade ist nur, dass wir dann die spannende Erfahrung verpassen, Mitarbeiter Gottes zu sein – und das nur, weil wir nicht mit ihm reden.

Ich habe dieses Buch geschrieben, damit Christen beim Thema Gebet kein schlechtes Gewissen mehr haben. Es kommt aus dem Reich der Finsternis und hat in unseren Gebetszeiten nichts zu suchen. Durch Schuldgefühle wird unsere Zeit mit Gott trocken und zäh, statt eine kostbare Zeit des tiefen Austauschs zu sein. Ich bete, dass wir wieder mutig und kühn zu Jesus gehen und ihn um alles bitten, was wir wollen.

Zum Schluss muss ich noch betonen, dass dieses Buch nur einen Teil des Themas Gebet behandelt. Hier geht es ausschließlich um das bittende Gebet. Daneben gibt es noch viele andere Formen des Gebets, wie das hörende Gebet, das Dankgebet oder das Gebet um Heilung. Sie alle kommen in diesem Buch nicht vor. Aber da das Beten ja Gottes Idee ist, kann man dazu so viel sagen und schreiben, wie über Gott selbst: unendlich viel!

1 Um Elefanten bitten

Worum ihr in meinem Namen bitten werdet, das werde ich tun, damit durch den Sohn die Herrlichkeit des Vaters sichtbar wird.
   Johannes 14,13

Den Teufel stört es nicht, wenn wir Bücher über das Gebet lesen, ihm geht es nur darum, uns vom Beten abzuhalten.
   Paul E. Billheimer

Mit Knoblauch und Kaffee

Es war genau 5.27 Uhr, als ich auf den Parkplatz meiner Gemeinde in Newport Beach, Kalifornien, fuhr. Seit Kurzem war ich dort als Jugendpastor angestellt. Und irgendwie hatte Bill mich dazu überredet, jeden Morgen um 5.30 Uhr mit ihm zu beten, einen ganzen Monat lang. Bill hatte schon beim vorigen Jugendpastor ehrenamtlich mitgearbeitet. Geistlich war er eine Mischung aus traditionellem Pfingstler und modernem Charismatiker.

Am vergangenen Donnerstag beim Mittagessen waren wir beide noch ganz begeistert gewesen von der Idee, uns dreißig Tage lang in der Früh zum Gebet zu treffen. Aber heute Morgen war ich mir da nicht mehr so sicher. Ich bin jemand, der sich schnell für neue Ideen gewinnen lässt. Doch meistens holt mich die Realität sehr bald wieder ein.

Dass Bill zu spät kam, war da nicht gerade hilfreich. Außerdem hatte er eine unglaubliche Knoblauchfahne. Jemand hatte ihm gesagt, dass roher Knoblauch bei Zahnschmerzen hilft. Seit zwei Tagen kaute er nun schon rohe Knoblauchzehen und hoffte inständig, dass Gott seinen Zahn heilen würde.

> Unser Gebetsleben wird kaum durch biblische Vorgaben eingeschränkt, sondern vor allem durch die Grenzen, die wir uns selbst setzen.

Es dauerte ein bisschen, bis das Koffein in meinem Körper zu wirken begann. Dann beteten wir los. Mit Kaffee kann ich das einfach besser. So kommt es mir jedenfalls vor. Ich weiß nicht mehr, wofür wir gebetet haben. Damals notierte ich meine Gebetsanliegen noch nicht. Mein Gebetsstil glich einer alten Schrotflinte, die ihre Munition in alle Richtungen feuert.

Dann waren wir fertig. Ich hatte nicht das Gefühl, dass irgendetwas passiert war. Wir hatten keine Gotteserscheinung gehabt, keine Stimme gehört und waren nicht in den Himmel entrückt worden. Da war nichts außer Bill, seinem Knoblauch und meinem Kaffee.

Ich wollte gerade gehen, als Bill noch etwas einfiel: „Warte mal, wir haben vergessen, um den Elefanten zu bitten."

Er hatte recht.

Ich muss das jetzt erklären. Als Bill und ich neulich beim Mittagessen zusammensaßen, entdeckten wir nämlich einen Elefanten. Vor der Mittagsverabredung war ich noch kurz in der Gemeinde gewesen und hatte in mein Postfach geschaut. Dort entdeckte ich einen dieser Werbekataloge, in denen Dinge angeboten werden, die Jugendleiter für ihre Jugendlichen mieten können. (Heute kriegt man solche Kataloge nur noch per E-Mail, sehr schade!) Die Gruppen, die ich bis dahin geleitet hatte, konnten sich das alles nicht leisten. Trotzdem liebte ich es, die Kataloge durchzublättern, und freute mich sehr, an jenem Donnerstag so einen bunten Prospekt in meiner Post zu finden. Sollte uns der Gesprächsstoff ausgehen, konnten Bill und ich darin ja blättern.

Wir verstanden uns auf Anhieb. Bill ist wirklich ein Mann Gottes, ein bisschen verrückt, aber auf eine gute Art. Ich mochte ihn sofort. Wer keinen pfingstlich-charismatischen Freund hat, sollte sich dringend einen suchen. Man braucht solche Leute, die einen wieder aufbauen, wenn man ein Tief hat.

Während wir aßen, schauten wir uns also den Katalog an. Was man da alles mieten konnte: von der Hüpfburg über aufblasbare Sumo-Ringer-Anzüge bis hin zur Kletterwand. Tolle Sachen, wirklich – aber unbezahlbar. Als wir die letzte Seite des Katalogs aufschlugen, blieb uns der Mund offen stehen. Da konnte man einen riesigen, echten Elefanten mieten. Unglaublich! Ehrfürchtig bestaunten wir ihn.

Es sollte 2500 Dollar kosten, diesen lebendigen Dickhäuter in die Jugendgruppe kommen zu lassen. Bill und ich waren uns sofort einig: Den mussten wir haben! Nur leider hatten wir keinen Koffer voller Geld. Aber wir waren Diener eines großen Gottes, dem alle Elefanten auf der ganzen Welt gehören. Und unsere Vision für die Jugendlichen war groß genug, dass auch ein Elefant ins Bild passte.

Also beschlossen wir, Gott um diesen Elefanten zu bitten.

> Was wäre, wenn wir einfach nur beten und den Rest Gott überlassen würden? Können wir die Verantwortung für die inhaltliche und terminliche Bearbeitung unserer Gebete nicht ganz in Gottes Hände legen?

Gar nicht so einfach ...

... um einen Elefanten zu bitten. Solange noch unzählige Kinder auf der Welt verhungern, kann ich doch nicht ernsthaft dafür beten, dass eine Jugendgruppe mitten in einer der reichsten Gegenden der Welt von einem Elefanten besucht wird, oder? Wozu sollte das gut sein? Mir ist aber auch bewusst, dass Gott unendlich groß ist und sich um die riesigen Probleme seiner Schöpfung kümmert – und trotzdem auch die alltäglichen und manchmal eigentümlichen Anliegen seiner Kinder im Blick hat. Vielleicht kann man um beides gleichzeitig bitten, um den Elefanten für die Jugendgruppe und um Hilfe für die hungernden Kinder überall auf der Welt?

Je nachdem, wie man darüber denkt, wird man mehr oder weniger mutige Gebete wagen und entsprechend auch mehr oder weniger Übernatürliches erleben. Unser Gebetsleben wird kaum durch biblische Vorgaben eingeschränkt, sondern vor allem durch die Grenzen, die wir uns selbst setzen. Wenn wir Gott gegenüber ein schlechtes Gewissen haben, fallen unsere Gebete bescheiden aus. Oft beten wir auch immer wieder dieselben Floskeln, von denen wir annehmen, dass Gott sie gerne hört. So kann sich unser Gebetsleben nicht entfalten, und manchmal endet es dann damit, dass wir kaum noch beten. Wie Vermessungsingenieure ziehen wir Grenzen und passen die Größe unseres Terrains der eigenen Zaghaftigkeit an, statt uns an Gottes Vorgaben zu orientieren.

Ich möchte mit diesem Buch Grenzen sprengen und Mut machen, auf eine ganz neue, andere Art zu beten.

Grenzen erweitern

Ich denke, die meisten Christen beten in irgendeiner Form. Aber nur wenige überlegen gezielt, wie sie die Grenzen ihres Gebetslebens erweitern könnten. Nur an die eigenen Kräfte und Möglichkeiten zu denken, hilft da nicht weiter. Deshalb ist es gut, sich immer wieder daran zu erinnern, was Gebet bewirken kann, und die eigenen Gebete mal genauer unter die Lupe zu nehmen.

Beten wir nur noch aus Disziplin und ohne große Erwartungen? Oder haben wir abenteuerliche Anliegen auf unserer Liste?

Die Frage ist ja nicht nur, was wir in Bezug auf das Gebet glauben, sondern was wir tatsächlich beten. Ist uns bewusst, wie viel Kraft im Gebet liegt? Gibt es Gründe, warum wir unsere Gebete verkürzt und unsere Bitten verkleinert haben? Ist irgendwo Zweifel an die Stelle von Glauben getreten? Können wir Gott um einen Elefanten bitten? Beten wir für freie Parkplätze? Beten wir auch um Heilung für unsere krebskranken Freunde? Können wir uns vorstellen, dass unser Gebet beim Haarekämmen, im Auto oder auf dem Weg zur Arbeit stark genug ist, um in Afrika einem unter Dürre leidenden Landstrich Regen zu bringen? Glauben wir, dass unsere Ehe durch Gebet heil werden kann? Haben wir auch Glauben für die Heilung unseres gebrochenen Herzens? Denken wir, dass Gebet in jeder Situation grundsätzlich richtig ist? Wie sehr fasziniert uns das Thema?

Wie könnte unser Gebetsleben aussehen, wenn wir uns über alle Grenzen hinwegsetzen würden? Was wäre, wenn unser Gebetsleben grenzenlos wäre, wenn wir *alles* beten und um *alles* bitten könnten? Warum will unser Verstand die Anliegen immer vorsortieren? Warum lassen wir nicht Gott bestimmen, welche Gebete er erhören will und welche nicht? Was wäre, wenn wir einfach nur beten und den Rest Gott überlassen würden? Können wir die Verantwortung für die inhaltliche und terminliche Bearbeitung unserer Gebete nicht ganz in Gottes Hände legen?

Das verhinderte Gebet

Samuel Chadwick schrieb einmal: „Der Teufel tut alles, um die Christen vom Beten abzuhalten. Wo viel Theologie betrieben, viel gearbeitet und viel Religiosität gepflegt, aber wenig gebetet wird, fürchtet er sich nicht. Er spottet über unseren Fleiß, er amüsiert sich über unsere Weisheit, aber er zittert, wenn wir beten."[1]

Je weniger wir beten, desto harmloser sind wir. Der Teufel unterstützt uns gern dabei, unser Gebetsleben zu begrenzen. Es stört ihn nicht, wenn wir uns in einem kleinen, gemütlichen Gebets-Zimmerchen einrichten, solange wir nicht merken, dass uns eine wunderschöne, weitläufige Gebets-Villa zur Verfügung steht.

Ich habe mit Absicht gesagt: Der Teufel *unterstützt* uns dabei. Er selbst kann nämlich unser Gebet nicht begrenzen. Gebet ist geistliches Dynamit, das Gott und seine Leute gezielt einsetzen. Satan hat keinen Einfluss auf unsere Gebete. Ist ein Gebet erst einmal ausgesprochen, wird es Gottes Thron erreichen – dagegen kann der Teufel nichts tun. Jedes Gebet wird in Ewigkeit als Wohlgeruch vor Gott sein. Johannes schrieb im Buch der Offenbarung: „Im selben Augenblick fielen die vier Gestalten und die vierundzwanzig Ältesten vor dem Lamm nieder. Jeder von ihnen hatte eine Harfe und goldene Schalen voller Weihrauch. Das sind die Gebete aller, die zu Gott gehören" (Offenbarung 5,8).

Deshalb ist das Gebet für Satan so gefährlich. Gebet überwindet die Barrieren unserer sichtbaren Welt. Es ist unvergänglich. Nichts kann seine ewige Wirkung eindämmen. Seine Kraft ist grenzenlos. Satan bleibt nur die Hoffnung, dass wir nicht beten. Also versucht er ständig, uns vom Beten abzuhalten. Denn ein Gebet, das nie gebetet wurde, kann auch nichts bewirken.

Bitten, suchen und anklopfen

Wozu ist das bittende Gebet überhaupt gut? Dazu, dass Gott es beantwortet?

Also eigentlich geht es – genau wie bei allen anderen Arten des Gebets – vielmehr um die Beziehung zwischen Gott und uns. Wer nur bittet, weil er etwas braucht, ist auf einem gefährlichen Weg. Der benutzt den Glauben und das Gebet dafür, dass es ihm gut geht. Dann aber hat das Evangelium seine Kraft verloren.

Wenn Gott uns gibt, worum wir ihn bitten, empfinden wir das dann als göttliche Wertschätzung? Wenn er unsere Bitten nicht oder nicht schnell genug erhört, fragen wir uns dann, ob er uns noch liebt? Das wäre eine ziemlich ergebnisorientierte Beziehung zu Gott. Der Feind wird immer versuchen, betende Menschen auf diesen Irrweg zu locken, auf dem es mehr um die erfüllten Wünsche als um die Freundschaft mit Gott geht.

Jesus wusste, dass auch beim bittenden Gebet die Beziehung zum himmlischen Vater im Mittelpunkt steht. Er ermutigte seine Jünger, um Elefanten und Ähnliches zu bitten. Doch im selben Atemzug lenkte er ihre Aufmerksamkeit auf den Vater und dessen Fürsorge. Bei jeder Bitte, die wir an Gott richten, soll uns bewusst sein, dass wir als geliebte Kinder zu unserem himmlischen Papa kommen. Das war Jesus sehr wichtig.

Bittet Gott, und er wird euch geben! Sucht, und ihr werdet finden! Klopft an, und euch wird die Tür geöffnet! Denn wer bittet, der bekommt. Wer sucht, der findet. Und wer anklopft, dem wird geöffnet. Würde jemand von euch seinem Kind einen Stein geben, wenn es um ein Stück Brot bittet? Oder eine giftige Schlange, wenn es um einen Fisch bittet?
Matthäus 7,7-10

Jedes Mal, wenn wir uns mit einer Bitte an Gott wenden, haben wir Kontakt mit dem Vater im Himmel und erleben, wie er liebevoll und mitfühlend auf uns reagiert. Je mehr Bitten wir vor ihn bringen, desto intensiver lernen wir ihn als Vater kennen. Und genau das ist sein Wunsch.

Erhört Gott unsere Gebete auf dramatische Weise, dann staunen wir über seine Kraft und Fürsorge. Wenn seine Antworten aber (zeitlich) nicht so eintreffen wie erwartet, können wir lernen, ihm und seiner Fürsorge zu vertrauen. Sagt er Nein und unsere Träume platzen oder ein lieber Mensch stirbt, dann dürfen wir ihn als Tröster kennenlernen, der unsere Trauer teilt.

Gepriesen sei Gott, der Vater unseres Herrn Jesus Christus, der Vater voller Barmherzigkeit, der Gott, der uns in jeder Not tröstet! In allen Schwierigkeiten ermutigt er uns und steht uns bei, sodass wir auch andere trösten können, die wegen ihres Glaubens leiden müssen. Wir trösten sie, wie Gott auch uns getröstet hat. Weil wir Christus gehören und ihm dienen, müssen wir viel leiden, aber in ebenso reichem Maße erfahren wir auch seine Hilfe.
2. Korinther 1,3-5

Wenn wir Gott als unseren himmlischen Vater kennenlernen wollen, dann ist es gut, mit all unseren Anliegen vor seinen Thron zu kommen.

Doch das ist erst der Anfang. Im sechsten Kapitel werden wir sehen,

> Konkretes Beten beschleunigt Gottes Wirken.

dass das bittende Gebet noch viel mehr bewirkt. Ganz abgesehen davon, dass unsere Beziehung zum Vater sich vertieft und wir seine Liebe erfahren, hat es drei weitere tolle Auswirkungen. Erstens wird Gottes Herrlichkeit hier auf der Erde sichtbar, zweitens macht Gott unser Leben fruchtbar und drittens werden andere Menschen sehen können, dass wir seine Jünger sind. Je tiefer wir in das Thema einsteigen, desto deutlicher werden wir erkennen, dass es beim bittenden Gebet nur am Rande um die Dinge geht, die wir uns von Gott wünschen.

Einhundert Bitten

Ich wünschte mir, dass meine Gemeinde all das erlebt, was Gott durch unser bittendes Gebet bewirken kann. Also schlug ich vor, eine Liste mit einhundert Gebetsanliegen zu erstellen. Auch die verrücktesten Bitten waren erlaubt. Nur eins war verboten: Niemand sollte etwas *nicht* auf seine Liste schreiben, weil das vielleicht zu unverschämt oder zu viel verlangt wäre. Zu große Bitten gab es nicht.

Was dann geschah, ist einer der Gründe, warum ich dieses Buch schreibe. Gemeinsam hatten wir angefangen, kühn zu beten. Und wir ernteten nicht nur ein paar schöne Früchte, sondern ein ganzer Obstgarten blühte auf. Eine Unmenge von Geschichten wurde mir erzählt. Es war erstaunlich, was Gott alles tat, als die Leute anfingen, ihn um alle großen und kleinen Dinge ihres Lebens zu bitten.

Daniel schickte mir zum Beispiel folgende Nachricht: „Mein Gebet Nummer 26 wurde, schon eine Woche nachdem ich es aufgeschrieben hatte, beantwortet. Ich hatte mir Ruhe und eine Zeit zu zweit mit meiner Frau gewünscht. Gott hat uns reich beschenkt, viel großzügiger, als ich es erwartet hätte."

Cindy traf ich auf dem Parkplatz unserer Gemeinde. Sie erzählte mir, dass sie sich 6000 Dollar von Gott gewünscht hatte, um einmal eine richtig schöne Reise mit der Familie zu machen, bevor die Kinder ausziehen würden. Bis dahin hatte sie mit Gott nicht über diesen Wunsch geredet, weil er ihr zu egoistisch vorgekommen war. Dann erzählte sie mir, dass sie vor drei Tagen im Briefkasten einen Scheck über genau 6000 Dollar gefunden hatte. Sie und ihr Mann waren Teil einer Sammelklage gewesen. Jetzt hatten sie die Klage gewonnen und ganz unerwartet diese 6000 Dollar bekommen. Glücklich buchten sie ihre Reise.

Das sind nur zwei Beispiele, aber wir haben es hundertfach erlebt. Seit ich meine Gemeindeglieder ermutige, Gott um alles zu bitten, was sie sich wünschen (einschließlich Elefanten), erleben wir die erstaunlichsten Dinge.[2]

Konkret

Wenn ich über das bittende Gebet spreche, fällt mir auf, dass viele Christen selbst gar nicht genau wissen, was sie von Gott wollen. Sie beten zwar, aber ihre Gebete sind konturlos und schwammig. Zum Beispiel kann das Gebet für die Kinder so klingen: „Gott, bitte segne meine Kinder. Hilf, dass sie dich lieben, und bewahre sie vor Sünde." Das ist ein wichtiges Gebet, aber es ist nicht konkret.

Ein gezieltes Gebet würde eher so klingen: „Gott, bitte segne meine Tochter. Bitte schenke ihr gute Freundinnen und Freunde, die dich lieben. Hilf ihr, diese Versagensangst loszuwerden, und bitte hilf ihr auch, immer die Wahrheit zu sagen. Ich bitte dich darum, dass sie heute nicht lügt. Ich wünsche mir von dir, dass sie ein ehrlicher, aufrichtiger Mensch wird. Und du weißt ja auch, dass sie an diesem Schreibwettbewerb teilnimmt. Ich bitte dich, dass du ihr hilfst, gut abzuschneiden."

Der Unterschied ist klar, oder? Das erste Gebet ist weitläufig und flach, das zweite ist konkret und geht tief. Beide Gebete sind wertvoll, und beide erreichen Gottes Herz. Aber ich habe herausgefunden, dass konkrete, gezielte Gebete mehr bewirken und Gottes Kraft in stärkerem Maß freisetzen.

Konkretes Beten beschleunigt Gottes Wirken. Unser Gott vergisst keinen i-Punkt und keinen t-Strich, er achtet auf alle Details. Wenn wir spezifisch beten, wird er uns nicht nur besonders segnen und unsere Bitten exakt beantworten, sondern er kann uns auf diese Weise auch seine Liebe zeigen.

Es ist unvergleichlich schön zu erleben, wie Gott ein Gebet bis ins kleinste Detail erhört, sei es ein benötigter Geldbetrag, eine bestimmte Farbe von etwas, das wir von Gott erbeten haben, die Bedingungen eines neuen Arbeitsplatzes oder die Eigenschaften eines Ehepartners.

Gebetserhörungen

Es war im Sommer 1998. Ich war immer noch Jugendpastor in dieser kleinen Gemeinde in Newport Beach. Damals brachte Gott mich auf die Idee, nicht nur konkret zu beten, sondern meine Gebete auch aufzuschreiben. Das begann damit, dass ich ständig über eine bestimmte Bibelstelle stolperte. Egal, ob ich für mich alleine in der Bibel las oder im Auto einen christlichen Radiosender hörte, ob ich sonntags der Predigt lauschte oder mich mit Freunden unterhielt – immer tauchte diese Stelle aus dem Lukasevangelium auf.

Dort erzählt Jesus seinen Jüngern die Geschichte von dem Mann, der um Mitternacht vor dem Haus seines Freundes aufkreuzte und ihn um drei Brote bat. Der Freund fand das zwar lästig, stand aber schließlich auf und gab ihm die Brote, damit er ihn endlich in Ruhe ließ.

Dann sagte Jesus zu den Jüngern: „Stellt euch vor, einer von euch hat einen Freund. Mitten in der Nacht geht er zu ihm, klopft an die Tür und bittet ihn: ‚Leih mir doch bitte drei Brote. Ich habe unerwartet Besuch bekommen und nichts im Haus, was ich ihm anbieten könnte.‘ Vielleicht würde der Freund dann antworten: ‚Stör mich nicht! Ich habe die Tür schon abgeschlossen und liege im Bett. Außerdem könnten die Kinder in meinem Bett aufwachen. Ich kann jetzt nicht aufstehen und dir etwas geben.‘

Das eine ist sicher: Wenn er schon nicht aufstehen und dem Mann etwas geben will, weil er sein Freund ist, so wird er schließlich doch aus seinem Bett steigen und ihm alles Nötige geben, weil der andere so unverschämt ist und ihm einfach keine Ruhe lässt."
Lukas 11,5-8

Na ja, Gott hat nicht hörbar zu mir gesprochen und mir gesagt, dass ich eine Liste mit einhundert präzisen Gebetsanliegen erstellen soll. Aber ich habe es getan. Einhundert Gebetsanliegen klingt ja zunächst nach sehr viel. Doch ich war überrascht, wie schnell ich sie zusammenhatte. Ohne lange nachzudenken, schrieb ich ein Stichwort nach dem anderen in ein altes Notizbuch: Zehn Punkte in Bezug auf meine Ehe, zehn für meinen Dienst in der Gemeinde, zehn für meine Verwandten, zehn für Freunde, dann schrieb ich zehn Kranke auf, die ich kannte – es war nicht schwer. Die letzten zehn Punkte waren ein paar ganz verrückte, geheime Wünsche. Ich würde zum Beispiel gerne der Pastor meiner Lieblingsmannschaft sein. Das hat Gott noch nicht erfüllt. Außerdem wollte ich gerne an der Goldküste Australiens arbeiten – und 2004 waren wir tatsächlich dort!

In den achtzehn Monaten, nachdem ich meine Liste geschrieben hatte, passierten Dinge, die man wirklich nur übernatürlich nennen kann. Kaum hatte ich die Anliegen aufgeschrieben, begann Gott schon, sie zu erfüllen. Die Jugendgruppe bekam ein neues Soundsystem geschenkt – und zwar genau das Modell, für das ich gebetet hatte. Meine Wirbelsäule wurde geheilt. Vier Monate lang hatte eine Bandscheibe neun Millimeter weit zwischen den Wirbeln herausgestanden und ich hatte nicht gerade stehen können. Am Tag nachdem Gott mich heilte, war ich sogar joggen. Ich hatte seither nie wieder Beschwerden an der Stelle. Die Schuhfirma Vans schenkte unserer Gemeinde einen Skatepark, nachdem wir angefangen hatten, dafür um Geld zu beten. Jugendliche kamen zum Glauben. Einmal verdienten wie achtundzwanzigtausend Dollar, weil wir am Wochenende des Nationalfeiertages Feuerwerkskörper verkauften. Davon konnten wir dann einen Missionseinsatz mit den Jugendlichen machen, den wir aus finanziellen Gründen schon fast abgesagt hätten.

Nach eineinhalb Jahren war meine Liste schon doppelt so lang. Wenn man erlebt, wie ein Gebet nach dem anderen erhört wird, ist die Motivation hoch, neue Anliegen zu formulieren.

Ich glaube, es war dabei ziemlich wichtig, dass ich zu keinem Zeitpunkt gesetzlich wurde, was den Umgang mit dieser Liste betraf. Gebet ist so etwas wie ein guter, konstanter Rhythmus, kein starres System. An manchen Tagen war ich einfach zu müde zum Beten, hielt Gott nur die Liste hin und sagte, dass er doch bitte an alles denken solle. Es gab aber auch Tage, an denen Gott mich drängte, intensiv für einzelne Punkte zu beten. Dann ging ich in die Tiefe und betete von allen Seiten für ein Thema.

So ähnlich war es auch an dem Tag, als Gott mich dazu brachte, für eine mietfreie Wohnung zu beten.

Für die meisten Menschen ist die Miete die höchste monatliche Ausgabe. Uns ging es auch so. Ich war ein frisch verheirateter Jugendpastor in Newport Beach, einem wirklich teuren Pflaster an der kalifornischen Atlantikküste. Außerdem besuchte ich eine Bibelschule, die auch nicht kostenlos war. Wir mussten ganz schön sparen, um über die Runden zu kommen. Eine passable Wohnung hätte für uns damals etwa tausendsechshundert Dollar gekostet. Ich fand es von daher schon ziemlich mutig, Gott um eine Wohnung für achthundert Dollar zu bitten.

Doch kaum hatte ich angefangen, dafür zu beten, kam der Gedanke: *Bitte um eine kostenlose Wohnung!* Ich kann mich noch genau an meinen nächsten Gedanken erinnern: *Denk mal an die vielen Obdachlosen – ist es nicht unverschämt, um so etwas zu bitten? Ist das nicht Undankbarkeit?* Nein, das wollte ich nicht beten. Achthundert Dollar wäre wirklich ein ausreichend großes Wunder.

Aber jedes Mal, wenn ich beim Beten zu diesem Punkt auf meiner Liste kam, war da wieder dieser drängende Gedanke. Inzwischen klang er etwa so: *Wie lange dauert es eigentlich noch, bis du anfängst, mich um eine kostenlose Wohnung zu bitten?* Widerwillig begann ich schließlich, dafür zu beten.

Es ging gar nicht lange, als ein Anruf von einer Universität am Stadtrand von Newport Beach kam. Ich wurde gefragt, ob wir bereit wären, die Verwaltung der Studentenwohnheime zu übernehmen. Dafür könnten wir umsonst wohnen und zusätzlich noch ein kleines Gehalt bekommen. Begeistert sagten meine Frau und ich zu und lebten die nächsten zwei Jahre auf dem Gelände der Concordia University.

Das ist nur eines von vielen Beispielen. Immer wieder ging Gott weit über das hinaus, was ich normalerweise gebetet hätte. Und auch die Geschichte von der kostenlosen Wohnung war damit noch nicht zu Ende. In den siebzehn Jahren, die Karie und ich jetzt verheiratet sind, haben wir insgesamt acht Jahre lang umsonst gewohnt. Die zwei Jahre an der Universität waren nur der Anfang.

Der Elefant ist da!

Vier Jahre waren vergangen, seit Bill und ich damals frühmorgens um einen Elefanten gebetet hatten. Jetzt war ich zusammen mit achtunddreißig Jugendlichen in Bangkok, Thailand. Es war der letzte Missionseinsatz, den ich leiten würde. Schon ein paar Wochen zuvor hatte ich meine Kündigung eingereicht. Ich spürte, dass es an der Zeit war, Newport Beach zu verlassen und weiterzuziehen.

Während des Einsatzes dachte ich oft über meine Entscheidung nach. Die Gemeinde ging durch eine schwierige Phase und es sah so falsch aus, die Jugendlichen jetzt im Stich zu lassen. Immer wieder fragte ich Gott, ob ich das Richtige tat. Ich wünschte mir eine klare Bestätigung von ihm.

Dann kam die letzte Nacht unseres Einsatzes. Ich lag auf dem harten, aber wunderbar kühlen Marmorboden der Gemeinde, bei der wir zu Gast waren. Erst gegen Mitternacht wurden die Jugendlichen ruhig. In dem nun stillen Gemeinderaum bat ich Gott wieder einmal, mir doch ein Zeichen zu geben. Ich wollte mir so gerne sicher sein, ob ich mich in seinem Willen bewegte. Kaum hatte ich zu Ende gebetet, da hörte ich die Stimme eines Jugendlichen: „Da ist ein Elefant im Hof! Ein Elefant ist im Hof!" Schnell sprangen wir alle auf und rannten nach draußen. Tatsächlich, da stand ein lebendiger Elefant in all seiner Größe und Majestät!

Ich erinnere mich noch genau, wie ich auf den Elefanten zuging. In dem Moment dachte ich nicht an das Gebet, das Bill und ich vier Jahre davor gebetet hatten. Es hatte es nicht auf meine Liste der hundert Anliegen geschafft. Ich hatte es eher als einen Witz und nicht als ein echtes Anliegen eingestuft. Als ich direkt vor ihm stand, erhob der Elefant seinen vom Mondlicht beschienenen Rüssel und erlaubte mir, dass ich seine feuchte Nase streichelte. Genau in dem Augenblick, als ich das Tier berührte, sagte Gott zu mir: *Bitte schön, hier ist dein Elefant!* Plötzlich spürte ich die Gegenwart Gottes ganz intensiv.

Ehrfürchtig stand ich vor diesem Elefanten, kraulte staunend seinen Rüssel und dachte: *Gott, ist das dein Ernst? Ich kann es nicht glauben. Du hast uns tatsächlich einen Elefanten geschickt!*

In jener Nacht begriff ich ein bisschen mehr von Gottes Wesen. Er zeigte mir nicht nur, dass er ein Gott des Überflusses ist, sondern dass er auch sehr genau auf die Details und das Timing achtet. Dieser Elefant war der krönende Abschluss eines vierjährigen, kostbaren Dienstes unter diesen Jugendlichen. Gleichzeitig war er genau das Zeichen, das ich brauchte, um zu wissen, dass ich auf dem richtigen Weg war. Der Elefant wurde mir zu einem Zeichen dafür, dass bei Gott kein Gebet verloren geht, auch wenn wir es selbst längst vergessen haben. Er lässt die Dinge genau zur rechten Zeit geschehen.

Doch vor allem war der Elefant für mich ein Zeichen dafür, wie sehr mein Gott mich liebt. Im Brief an die Epheser schreibt Paulus: „Gott aber kann viel mehr tun, als wir jemals von ihm erbitten oder uns auch nur vorstellen können. So groß ist seine Kraft, die in uns wirkt" (Epheser 3,20).

Brauchte ich diesen Elefanten? Nein. Hätte Gott mir in jener Nacht gesagt, ich hätte ein paar Wünsche frei, dann hätte ich mir ganz sicher keinen Elefanten gewünscht. Ich hatte Gott in meinem Leben schon um sehr viele Dinge gebeten, die nach meiner Einschätzung alle viel wichtiger waren.

Wenn ich jetzt, während ich dieses Buch schreibe, darüber nachdenke, fällt mir auf, dass Gott mir einen viel größeren Elefanten gab, als ich mir von ihm gewünscht hatte. Mir war es einfach nur um einen Spaß mit den Kids gegangen. Aber Gott hatte viel größere Pläne mit meinem Elefanten. Doch das alles war nur so gekommen, weil ich irgendwann einmal so mutig war, Gott um einen Elefanten zu bitten.

So gesehen habe ich das alles Bill zu verdanken.

Deine Elefanten

Meine Hoffnung ist natürlich, dass viele Leser durch dieses Buch in ihrem Beten und in ihrem Leben mit Gott inspiriert werden. Das Buch soll eine neue Leidenschaft für das Gebet wecken. Es soll Mut machen, Träume zulassen und dem persönlichen Gebet wieder eine neue Zielrichtung geben. Über allem steht der Wunsch, dass wir Gott besser kennenlernen und dass er auf der Erde besser bekannt wird.

Doch es geht in dem Buch auch um Elefanten. Jeder Leser, der sich auf das bittende Gebet einlässt, soll seine hundert dringendsten und größten Elefanten definieren (natürlich ist auch jede andere Zahl möglich) und den Mut bekommen, für sie zu beten. Diese Gebete um Elefanten können, wenn sie von Gott erhört werden, das ganze Leben verändern und Kreise ziehen, die weit über das persönliche Leben hinausgehen.

Wird Gott jedes Elefanten-Gebet erhören? Das kann ich nicht versprechen. Aber an einer Stelle bin ich mir ganz sicher: Während wir um Elefanten bitten, werden wir dem Gott begegnen, der uns von ganzem Herzen lieb hat.

Also los, bitten wir um Elefanten!

Meine **100** Elefanten

Es gibt keine Regeln, wie man für Elefanten beten soll. Das muss jeder für sich selbst herausfinden. Trotzdem habe ich hier ein paar Tipps zusammengestellt, die mir geholfen haben, eine strategische und konkrete Liste von Gebetsanliegen zu erstellen. Der Gedanke ist einfach: Wir nehmen uns ein paar Wochen Zeit, um Anliegen zu sammeln und für sie zu beten. Das Ganze wird sich allmählich entwickeln. Die Tabelle, die ich hier abgedruckt habe, ist nur ein Vorschlag. Man kann sie auf einem großen Blatt Papier entwerfen oder in ein Gebetstagebuch schreiben. Wichtig ist nicht, dass wir alles perfekt machen, sondern dass wir uns für eine bestimmte Zeit festlegen, Elefanten zu sammeln und für sie zu beten. Ich würde mich freuen, wenn ich viele Christen dazu ermutigen könnte, sich auf das Abenteuer einzulassen.

1. Zuerst überlegen wir uns zehn große Bereiche, für die wir beten wollen, zum Beispiel: Verwandte, Arbeit, Schule, Gemeinde, Freunde, Finanzen und vielleicht auch noch eine Kategorie „unnötige und geheime Wünsche".

Außerdem legen wir uns für einen bestimmten Zeitraum fest, in dem wir uns möglichst täglich Zeit nehmen wollen, anhand der Liste zu beten. Am Ende der festgesetzten Zeit schauen wir dann, wie viele Punkte Gott erhört hat. Vierzig Tage, also sechs bis sieben Wochen, sind ein Zeitfenster, mit dem ich gute Erfahrungen gemacht habe.

2. Dann beten wir jeden Tag für jeden Bereich und notieren uns konkretere Anliegen, die uns zu der jeweiligen Überschrift einfallen. Bei Finanzen könnte das zum Beispiel heißen: „In drei Jahren alle Schulden getilgt haben". Ziel ist es, zu jeder Überschrift zehn konkrete Anliegen zu formulieren. So haben wir am Ende hundert Gebetsanliegen gesammelt.

3. Immer, wenn ein Gebetsanliegen neu auf die Liste kommt, schreiben wir auch das Datum dazu.

4. Steht ein Punkt schon ein paar Tage auf der Liste, dann nehmen wir uns Zeit, mit Gott zusammen intensiver darüber nachzudenken. Wir träumen, lassen unserer Fantasie freien Lauf und stellen uns vor, was Gott hier alles tun könnte. Entsprechend können wir das Thema dann konkreter aufschreiben.

5. Während wir täglich für alle Anliegen beten, notieren wir immer neue, konkrete Punkte, die uns beim Beten einfallen. Dabei ist es wichtig, nicht allgemein zu bleiben, sondern möglichst detaillierte Notizen zu machen.

6. Wenn etwas eintrifft, für das wir gebetet haben, schreiben wir auch dieses Datum zu dem Gebetsanliegen dazu. Schauen wir dann nach ein paar Wochen zurück, werden wir überrascht sein, was Gott alles getan hat.

Familie	Arbeit	Freunde	die Welt	Anliegen 5
1.	11.	21.	31.	41.
2.	12.	22.	32.	42.
3.	13.	23.	33.	43.
4.	14.	24.	34.	44.
5.	15.	25.	35.	45.
6.	16.	26.	36.	46.
7.	17.	27.	37.	47.
8.	18.	28.	38.	48.
9.	19.	29.	39.	49.
10.	20.	30.	40.	50.

Anliegen 6	Anliegen 7	Anliegen 8	Anliegen 9	Anliegen 10
51.	61.	71.	81.	91.
52.	62.	72.	82.	92.
53.	63.	73.	83.	93.
54.	64.	74.	84.	94.
55.	65.	75.	85.	95.
56.	66.	76.	86.	96.
57.	67.	77.	87.	97.
58.	68.	78.	88.	98.
59.	69.	79.	89.	99.
60.	70.	80.	90.	100.

2 Trau dich!

*„Es ist schlimm zu scheitern, aber noch schlimmer,
es niemals versucht zu haben."*
   Theodore Roosevelt

Ein riskantes Versprechen

Neulich sprach ein Freund mit mir über den ganzen Wirbel, den ich zum Thema Gebet losgetreten hatte. Er sagte: „Dieses Buch, das du da schreibst, führt es die Leute nicht in die falsche Richtung? Es geht doch die ganze Zeit nur um uns und unsere Wünsche, oder?"

„Du hast recht", erwiderte ich. Eine bessere Antwort fiel mir nicht ein. Ich war wirklich nicht scharf darauf gewesen, dieses Buch zu schreiben. Gerade hatte ich das Exposé für ein anderes Buch entworfen, das ich für meine Lebensaufgabe hielt, da tauchte der Elefant plötzlich wieder auf. Ich sträubte mich gegen dieses Buch. Wie würde das Thema aufgenommen werden? Wohin würde es führen? Auf keinen Fall wollte ich in die Schublade der Theologen gesteckt werden, die ein verwässertes Evangelium predigen. Dumm war nur, dass überall dieser Elefant aufkreuzte. Egal in welche Richtung ich sah, überall schaute mich der massige Kopf mit den Stoßzähnen und dem baumelnden Rüssel an. Immer deutlicher wurde mein Eindruck, dass Gott mich fragte: „Wäre es für dich okay, wenn die Leute dich falsch verstehen, weil du das tust, was ich von dir will?" Ich begriff, was er meinte.

Jesu Lebensstil und sein geistlicher Dienst irritierte viele Leute. Ständig wurde er missverstanden und schien sich nicht daran zu stören. Er hing mit den Prostituierten und den Alkis ab, er heilte am Sabbat und er sagte den Leuten, sie sollten um alles bitten, was sie nur wollten. Er würde zu allen Bitten Ja sagen.

Bittet Gott, und er wird euch geben! Sucht, und ihr werdet finden! Klopft an, und euch wird die Tür geöffnet!
Denn wer bittet, der bekommt. Wer sucht, der findet. Und wer anklopft, dem wird geöffnet.
Matthäus 7,7-8

Worum ihr in meinem Namen bitten werdet, das werde ich tun, damit durch den Sohn die Herrlichkeit des Vaters sichtbar wird. Was ihr also in meinem Namen erbitten werdet, das werde ich tun.
Johannes 14,13-14

Wenn ihr aber fest mit mir verbunden bleibt und euch meine Worte zu Herzen nehmt, dürft ihr von Gott erbitten, was ihr wollt; ihr werdet es erhalten.
Johannes 15,7

Nicht ihr habt mich erwählt, sondern ich euch, damit ihr euch auf den Weg macht und Frucht bringt, die bleibt. Dann wird euch der Vater alles geben, worum ihr ihn in meinem Namen bittet.
Johannes 15,16

In diesen vier Bibelstellen verspricht Jesus, jedes Gebet zu erhören, das wir in seinem Namen beten. Es muss ihm bewusst gewesen sein, dass er sich damit eine Menge Stress einhandelte. Ob es ihm wohl etwas ausgemacht hat, wenn die Leute ihn falsch verstanden? Ich denke schon, Jesus konnte das aushalten, aber es war sicher auch nichts, was er unbedingt wollte. Vor allem wollte er nicht, dass Menschen davon abgehalten wurden, ihm nachzufolgen.

Jesus war durchaus risikobereit, wenn es um die Ausbreitung des Reiches Gottes ging. Die vorsichtigere Variante seiner Aussage wäre gewesen: „Ihr könnt in meinem Namen um alles bitten, was ihr wollt, und sobald ich Zeit habe, werde ich mich darum kümmern." Nein, Jesus hat seine Nachfolger ganz bewusst dazu ermutigt, kühn und ohne falsche Bescheidenheit zu bitten. Bestimmt dachte Jesus daran, dass mutiges Gebet zu einem radikalen Lebensstil der Nachfolge führt.

Gebetskiller

Jesus hatte ständig mit den geistlichen Leitern Streit. Er sagte seine Meinung, auch wenn er wusste, dass er auf Ablehnung stoßen würde. Aber er provozierte nicht grundlos, sondern handelte immer überlegt und gezielt. Als Nachfolger Jesu dürfen wir auch so sein, in allen Bereichen, auch beim Beten.

Es gibt verschiedene Gründe, warum wir Jesus um manche Dinge lieber nicht bitten wollen. Schuld- und Minderwertigkeitsgefühle sind die häufigsten Gründe, soweit ich das beurteilen kann. Warum auch immer, wir denken, es könnte Gott nicht gefallen, wenn wir ihn um Erfüllung unserer Herzenswünsche bitten. Immer wieder sprechen mich Leute an und fragen, ob man für diese oder jene Sache auch beten dürfe. Es ist, als wäre es ihnen peinlich, Gott ihre geheimsten Anliegen anzuvertrauen. So ähnlich ging es mir, als ich damals anfing, für eine mietfreie Wohnung zu beten.

Ein schlechtes Gewissen ist der Killer, wenn es ums Beten geht. Es hat da wirklich nichts zu suchen. Seit ich angefangen habe, meine Anliegen ungefiltert Gott zu bringen, habe ich unendlich viele Erhörungen erlebt. Früher wollte ich oft gar nicht erst anfangen zu beten, weil ich dachte, meine Wünsche würden Gott nur sauer machen. Jetzt gerade, während ich das schreibe, sitze ich zum Beispiel in einem Flugzeug, zehn Kilometer über der Erde, und zwar in der teuren Businessklasse. Kann ich mir das leisten? Nein. Würde ich den Aufpreis bezahlen, wenn ich das Geld dafür hätte? Wahrscheinlich nicht. Ich kenne zu viele andere sinnvollere Arten, Geld einzusetzen. Sitze ich gerne in der Luxusklasse? Absolut! Ich genieße meine Vorteile, strahle und danke Gott dafür, dass ich so eine schöne Flugreise machen darf.

Ich bin nicht bereit, einen erhöhten Preis für die Businessklasse zu zahlen, aber beten kann ich schon dafür, und zwar ohne schlechtes Gewissen. So kaufe ich mir ein billiges Ticket und bete, dass es hochgestuft wird. Das bete ich jedes Mal, wenn ich fliege. Letzten Sonntag sprach mich dann ein Freund aus der Gemeinde an. Ich hatte ein paar Tage zuvor das billige Ticket gekauft und gleichzeitig für ein Upgrade gebetet. Er meinte: „Falls du jemals mit dieser Fluggesellschaft hier fliegst, bekommst du über mich ein Upgrade. Ich habe viele Flugmeilen gesammelt, die bald verfallen." Es war genau die Fluggesellschaft, bei der ich gebucht hatte! Deshalb sitze ich jetzt hier ganz gemütlich, mache meine Beine lang und genieße ein Luxus-Frühstück, irgendwo hoch über Kansas.

Ich weiß nicht, warum Gott sich darum kümmert, mein Flugticket hochzustufen, wo es doch so viele andere, wichtigere Dinge auf der Welt gibt. Auch will ich diesem kleinen Segen nicht zu viel Bedeutung beimessen. Er liebt mich und freut sich über das, was ich tue, mit oder ohne Upgrade. Aber eine Sache ist unbestreitbar: Durch das Upgrade habe ich den Platz neben Sarah bekommen. Sarah ist eine Pharmareferentin, mit der ich über die Gute Botschaft von Jesus sprechen konnte. Auch hier bin ich mir wieder nicht ganz sicher, ob Gott das nun extra arrangiert hat oder nicht. Aber bin ich mir ganz sicher, dass ich keine Schuldgefühle mehr zulasse, die mein Beten zu einer dürren, vertrockneten Angelegenheit machen.

Ein sonniger Tag

Jesus hat die Sünde besiegt. Damit sind nicht nur die Auswirkungen der Sünde aufgehoben, auch Schuld hat keine Berechtigung mehr. Die Folge der Schuld sind Selbstvorwürfe und Selbstverdammnis. Paulus schreibt an die Römer: „So gibt es nun keine Verdammnis für die, die in Christus Jesus sind" (Römer 8,1; L). Jesus hat uns also von Sünde, Schuld und Verdammnis befreit. Trotzdem haben wir ein schlechtes Gewissen, wenn wir sündigen. Aber die Schuld, die wir dann empfinden, drängt uns in die richtige Richtung, zu Jesus hin, zur Vergebung und zum Leben. Unnütze Schuldgefühle führen von Gott weg, in die Dunkelheit, in der wir uns verstecken. Sie ersticken unser Beten. Es ist wichtig, das klar zu unterscheiden.

Es ist schrecklich, dass ausgerechnet im Zusammenhang mit Beten besonders häufig Schuldgefühle vorkommen. Viele Christen denken, Gott ist dauernd wegen irgendwas sauer auf sie. Deshalb bitten sie ihn nur um ganz wenig oder beten gar nicht. Der Feind freut sich über beides. Entweder hat er die Christen ganz verstummen lassen oder sie ringen sich nur ein paar klägliche Gebete ab. So werden sie nie herausfinden, wie groß die Liebe und Güte ihres Gottes ist und wie viel Segen und Gnade er für sie geplant hat.

> Ich will nicht mehr zulassen, dass Schuldgefühle mein Beten zu einer dürren, vertrockneten Angelegenheit machen.

Seit ich über das bittende Gebet spreche, beobachte ich das immer wieder. Da war zum Beispiel Julie. Sie ist alleinerziehend und wir sind gut befreundet. Vor einiger Zeit hatte sie genug gespart, um mit ihrer Tochter für eine Woche nach Florida zu fliegen. Das war ein Wunder, weil ihre finanzielle Situation so eine Reise eigentlich nicht hergab.

Über die sozialen Netzwerke hatten wir während ihres Urlaubs Kontakt. Am vorletzten Tag erhielt ich die Nachricht: „Wir hatten es bis jetzt sehr schön hier. Aber es ist schon schade, dass es die ganze Zeit regnet. Dabei wären wir so gerne auch an den Strand gegangen. Nun haben wir nur noch einen Tag und für morgen ist auch wieder Regen angesagt."

Ich antwortete ihr, dass sie ihr Anliegen doch in der Facebook-Gruppe von prayingforyourelephant.com posten sollte. Dort treffen sich Menschen, die auch für Elefanten beten. Ich war mir ziemlich sicher, dass es der Heilige Geist gewesen war, der mich auf diese Idee gebracht hatte. Julie zögerte zunächst, schrieb dann aber ihr Anliegen an die Gruppe. Am nächsten Tag erhielt ich Fotos von ihr: Es war ein warmer, sonniger Tag in Florida und sie und ihre Tochter spielten am Strand.

Doch es kam, wie es kommen musste. Schon bald trafen die ersten vorwurfsvollen E-Mails ein: Es sei ein Missbrauch des Gebets, wenn man um schönes Wetter für zwei Urlauber beten würde. Diese Rückmeldungen bekomme ich ständig und sie kosten mich unendlich viel Kraft. Ich nehme an, auch Jesus ist frustriert darüber. Natürlich bin ich auch für gesunde Theologie und sorgfältige Bibelauslegung. Aber diese selbst ernannte Polizei Gottes ermüdet mich teilweise sehr. Manchmal muss ich mich so viel entschuldigen und erklären, dass mir kaum noch Zeit und Kraft zum Beten bleibt. Immer wieder zitiere ich dann die Worte Jesu, der uns aufforderte, genau so zu beten.

Natürlich ist es schwer zu verstehen, dass Gott eine ganze Großwetterlage verändert, nur damit eine Mutter mit ihrem Kind einen Tag lang am Strand spielen kann. Aber wenn Julie und ihre Tochter von einem heftigen Wirbelsturm gefährdet worden wären, dann hätte jeder sofort gebetet, dass Gott das Wetter ändert und den Sturm beendet.

Unser Verstand stört uns immer wieder beim Beten. Wir beten natürlich, dass ein Sturm aufhört, der Menschenleben in Gefahr bringt. Aber es fällt uns schwer, für einen sonnigen Tag am Strand zu beten. Doch damit machen wir Gott so klein. Wir unterwerfen ihn den Regeln, nach denen wir Dinge als wichtig und unwichtig einstufen, anstatt es ihm zu überlassen, womit er uns überraschen will.

> Falls es Grenzen für unsere Gebete geben sollte, verlaufen sie wohl irgendwo zwischen: „Hilf mir, meinen Schlüssel zu finden" und „Bitte halte die Zeit an".

Ich behaupte nicht, dass das Wetter sich wegen unserer Gebete verändert hat. Aber ich behaupte auch nicht das Gegenteil. Mein Verstand soll mein Beten nicht begrenzen. Falls es Grenzen für unsere Gebete geben sollte, verlaufen sie wohl irgendwo zwischen: „Hilf mir, meinen Schlüssel zu finden" und „Bitte halte die Zeit an".

Menschen wie du und ich

Vor ein paar Tagen ging ich gerade aus der Gemeinde zu meinem Auto, als Jeffry, unser Mann für Medien und Kommunikation, mich fast umgerannt hätte. Jeffry suchte verzweifelt seinen Schlüsselbund. Spontan kam mir der Gedanke: „Hast du schon dafür gebetet, dass du die Schlüssel findest?"

„Nein", meinte er nur.

Ich kam mir zwar ein bisschen dumm vor, aber ich brachte es über die Lippen: „Dann lass uns doch jetzt zusammen dafür beten." Es war Mittagszeit und wir standen mitten auf dem Parkplatz und beteten für Jeffrys Schlüssel. Etwa dreißig Sekunden nachdem wir Amen gesagt hatten, hörte ich ihn quer über den Parkplatz jubeln: „Ich hab sie! Ich hab sie!"

Es war so ähnlich wie mit dem Gebet um schönes Wetter für Julie. Für beide Fälle gilt: Egal ob Gott Jeffry die Schlüssel gezeigt und das Wetter verändert hat oder nicht, auf jeden Fall wollte Gott, dass wir beten. Es geht also in erster Linie darum, dass wir bereit sind, uns mit allem an Gott zu wenden. Was er daraufhin tut, bleibt ihm überlassen und ist auch gar nicht entscheidend.

Die Bibel ist voller Geschichten von Menschen, die bereit waren, Gott um ganz besondere Dinge zu bitten. Elia betete, dass es nicht mehr regnete, und auf Josuas Gebet hin blieb die Zeit stehen. Gott beantwortete ihre radikalen und vielleicht auch unverschämten Gebete.

Die Gefahr liegt nahe, diese Geschichten abzuschwächen. Schließlich waren das besondere Personen aus der Bibel, die große Aufgaben und übernatürliche Fähigkeiten von Gott bekommen hatten. Mit dem Leben eines ganz gewöhnlichen Gläubigen unserer Zeit hat das wohl nicht viel zu tun. Doch die Bibel wischt solche Argumente vom Tisch. Jakobus schrieb im Neuen Testament darüber: „Elia war ein Mensch wie wir. Er betete inständig, es möge nicht regnen, und tatsächlich fiel dreieinhalb Jahre kein Wassertropfen auf das Land" (Jakobus 5,17). Und von Josua lesen wir:

An jenem Tag, als der Herr die Amoriter in die Gewalt der Israeliten gab, hatte Josua vor dem ganzen Volk laut zum Herrn gebetet: „Sonne, bleib stehen über Gibeon, und Mond über dem Tal Ajalon!" Da waren die Sonne und der Mond stehen geblieben, bis die Israeliten sich an ihren Feinden gerächt hatten. Dieses Ereignis wird auch im „Buch des Rechtschaffenen" beschrieben. Die Sonne stand fast einen Tag lang hoch am Himmel und lief nicht nach Westen. Weder vorher noch nachher hat es je einen Tag gegeben, an dem der Herr auf eine so außergewöhnliche Bitte gehört hätte. Damals aber tat er es, denn er kämpfte auf der Seite Israels.

Josua 10,12-14

In beiden Fällen handelte es sich um ganz gewöhnliche Menschen, die mit solchen verrückten Ideen zu Gott kamen. Das Besondere an ihnen war einfach nur ihr Mut, für ihre Anliegen zu beten.

Königskinder

Ich fordere hier niemanden dazu auf, um etwas Abenteuerliches zu bitten und sich dann blindlings hineinzustürzen. Das bittende Gebet ist keine Anmaßung. Wir gehen ja kein Risiko ein, wenn wir Gott um ein bestimmtes Wetter bitten. Aber wenn wir bitten, dass wir fliegen können, und uns dann vom Hochhaus stürzen, ist das etwas anderes. Wenn draußen ein Wirbelsturm tobt, dann bete ich, dass er aufhört. Vielleicht stehe ich auch am nächsten Morgen mit meiner Segelausrüstung bereit und prüfe genau, ob der Sturm vorbei ist. Aber ich gehe nicht sofort segeln, während der Sturm noch tobt, nur weil ich gebetet habe.

Wenn diese Aufforderung, für alles zu bitten, was wir nur wollen, nur einmal in der Bibel vorkäme und sich irgendwo bei den kleinen Propheten oder kurz vor der Offenbarung verstecken würde, dann würde ich dem Thema weniger Bedeutung beimessen. Aber es kommt mehrfach in den Evangelien vor.

Ich will noch einmal betonen, dass es ganz an Gott liegt, was aus unseren Gebeten wird. Wir können nicht wissen, was Gott tut. Entscheidend ist unsere grundsätzliche, ständige Bereitschaft, ihn um alles zu bitten. Auf keinen Fall sollten wir ihm nur das im Gebet hinlegen, was unser Verstand für angemessen hält.

Wenn wir nicht den Mut haben, um große Dinge zu bitten, dann fehlt uns vielleicht das Bewusstsein, dass wir Söhne und Töchter des Königs sind. Wir dürfen jederzeit in den Thronsaal platzen und auf den Schoß unseres himmlischen Vaters klettern. Dort erzählen wir ihm, was wir gerade erlebt haben, und bitten ihn um alles, was wir gerne hätten. Im Hebräerbrief wird das auch so beschrieben: „Er tritt für uns ein, daher dürfen wir mit Zuversicht und ohne Angst zu Gott kommen. Er wird uns seine Barmherzigkeit und Gnade zuwenden, wenn wir seine Hilfe brauchen" (Hebräer 4,16).

Ich möchte beim Beten so radikal sein wie Elia und Josua. Ich will beten, dass Kinder keine Sklaven mehr sind, es soll keinen Krebs mehr geben und all das andere Elend soll aufhören. Ich sehne mich danach, dass Ungeborene am Leben bleiben dürfen und Ehen nicht mehr zerbrechen. Ich möchte so beten, dass sich etwas verändert in unserer Welt. Aber ich will auch für meine verlorenen Schlüssel beten. Das darf ich alles gleichzeitig!

Es ist gut, die eigenen Gebete immer wieder zu prüfen. Werden sie von Angst bestimmt, von Zweifeln begrenzt und von unseren Glaubensansichten beschnitten? Können manche unserer Elefanten nie bei uns ankommen, weil wir uns einfach nicht vorstellen können, wie Gott auf der Erde wirkt? Wie umfassend sind die Themen, für die wir beten? Sind wir bereit, Jesus beim Wort zu nehmen und einfach für alles zu beten, zuversichtlich und in seinem Namen?

Motorrad-Gebete

Letzte Woche wurde die Grenze dessen, wofür ich bete, wieder etwas erweitert. Ich war mit meinen Freunden in den Bergen unterwegs, nicht weit von unserem Wohnort entfernt. Wir fuhren querfeldein durchs Gelände, als wir einen jungen Mann trafen. Kevin war mitten in der Wildnis mit seinem Motorrad liegen geblieben. Es sprang einfach nicht mehr an. Sofort durchzuckte mich der Gedanke, ich könnte für das Motorrad beten. *O nein,* dachte ich. So etwas liegt mir gar nicht. Aber ich gehe auch nicht gerne mit dem Gefühl weiter, dass Gott gerade etwas durch mich tun wollte und vielleicht sogar eine Person zum Glauben gekommen wäre.

Die Idee, für ein Motorrad zu beten, löste auch in mir eine Menge Konflikte aus. Zuerst dachte ich an die Peinlichkeit der Situation. Ich wollte nicht, dass die anderen mich für verrückt erklären. Außerdem kam das ständige Problem mit dem fehlenden Glauben dazu. Konnte Gott wirklich kaputte Motorräder reparieren? Ich hatte eine Menge solcher und ähnlicher Fragen im Kopf. Es gab doch sehr viele Gründe, warum ich lieber nicht für das Motorrad beten wollte.

Das Beste, was man in so einem Moment machen kann, ist, es einfach zu tun. Also sagte ich zu dem Motorradfahrer: „Ich weiß, das klingt jetzt ein bisschen verrückt, aber ich bin ein Nachfolger von Jesus und ich glaube, dass Jesus auch dein Motorrad wieder flottkriegen kann. Wäre das für dich okay, wenn ich für dein Bike beten würde?"

Kevin reagierte erstaunlich gelassen und so legte ich meine Hände auf die Maschine und betete ein schlichtes, lautes Gebet: „Gott, bitte mach, dass dieses Motorrad wieder anspringt." Und tatsächlich: Es sprang an!

Kurz bevor Kevin weiterfuhr, grinste er mich an und sagte: „Ich freue mich schon darauf, meinen Kumpels diese Geschichte zu erzählen." Ist das nicht toll? Da haben wir einen der drei weiteren Nutzen, die das bittende Gebet hat: Es zeigt der Welt, dass wir seine Kinder sind. Jesus sagte: „Wenn ihr aber fest mit mir verbunden bleibt und euch meine Worte zu Herzen nehmt, dürft ihr von Gott erbitten, was ihr wollt; ihr werdet es erhalten. Wenn ihr viel Frucht bringt und euch so als meine Jünger erweist, wird die Herrlichkeit meines Vaters sichtbar" (Johannes 15,7-8).

Ich fand es weder leicht noch angenehm, für Kevins Motorrad zu beten, schließlich bin ich ein ganz normaler Mensch. Wenn ich mich recht erinnere, kam ich sogar richtig ins Schwitzen, während ich Gott bat, das Motorrad in Gang zu bringen. Meine Gefühle waren eine Mischung aus Angst, dass Gott nichts tun würde, Hoffnung auf ein Wunder und eine große Portion Verlegenheit, weil ich einem Motorrad die Hände auflegte.

Solche Erfahrungen kann man machen, wenn man sich beim Beten nicht mehr begrenzen lässt. Nein, ich verspreche nicht, dass alle Motorräder wieder funktionieren, denen wir die Hände auflegen. Aber wenn wir beten, werden *mehr* Motorräder übernatürlich in Gang kommen, als wenn wir *nicht* dafür beten. Das stimmt auf jeden Fall, nicht wahr?

Über mein Wünschen hinaus

Weiter oben habe ich darüber geschrieben, dass Jesus es in Kauf nahm, falsch verstanden zu werden. Leider greift auch unser Verständnis davon, was Jesus über das bittende Gebet gesagt hat, oft zu kurz. Da liegt eine Spannung in seinen Worten, die man schnell übersehen kann. Es geht nämlich gar nicht nur darum, ob er nun alle Gebete erhören wird oder nicht. Jesus fordert uns heraus, wirklich *um alles* zu bitten: „... und alles, worum ihr dann in meinem Namen bittet, werde ich tun, damit durch den Sohn die Herrlichkeit des Vaters offenbart wird" (Johannes 14,13; NGÜ).

Auf den ersten Blick erscheint die Theologie von Jesus sehr verlockend. Er umwirbt seine Zuhörer mit dem großartigen Versprechen, ihnen jeden Wunsch zu erfüllen. Und er hat auch vor, das zu tun – vorausgesetzt, die Bedingungen stimmen. Doch während ich mir die Erhörung meiner Bitten schon in den schönsten Farben ausmale, frage ich mich, ob Jesus nicht noch etwas anderes gemeint haben könnte.

Um dem nachzugehen, sollten wir uns einmal den Urtext anschauen. Im Griechischen haben Worte nämlich oft mehrere Bedeutungen. Das Wort thelō, das im Neuen Testament 213-mal in verschiedenen Formen vorkommt,[3] wird normalerweise mit „wollen, wünschen, begehren" übersetzt. Aber es gibt auch die weiter gefasste Bedeutung „willig sein, bereit sein". Und genau dieses Wort findet sich auch in der folgenden Aussage von Jesus: „Wenn ihr aber fest mit mir verbunden bleibt und euch meine Worte zu Herzen nehmt, dürft ihr von Gott erbitten, was ihr wollt (thelō); ihr werdet es erhalten" (Johannes 15,7).

Viele Übersetzungen, wie auch unsere hier, gehen in die Richtung von „alles, was ihr wollt" oder „was auch immer ihr begehrt".[4] Im Englischen gibt es aber auch ein paar ältere Übersetzungen, die die Betonung eher auf die innere Bereitschaft, nicht so sehr auf das persönliche Begehren legen.[5] Sie haben ein weiter gefasstes Verständnis von dem, was Jesus hier meint. Ich kann mir also vorstellen, Jesus will nicht nur, dass wir um das bitten, was wir gerne haben wollen. Er fordert uns heraus, um alles zu bitten, wozu wir bereit sind.

Auch in Johannes 7,17 wird das Wort thelō in seiner weiter gefassten Bedeutung verwendet: „Wer von euch bereit ist, Gottes Willen zu tun, der wird erkennen, ob diese Worte von Gott kommen oder ob es meine eigenen Gedanken sind." Auch hier geht es darum, ob ein Mensch gewillt ist (vielleicht gegen seine eigenen Wünsche), den Willen Gottes zu tun.

Im Zusammenhang mit Jesu Worten über das bittende Gebet steht in den meisten Übersetzungen also „was ihr wollt", nicht „wozu ihr bereit seid". Mit dieser Übersetzung verliert die Aussage Jesu aber an Tiefe und greift zu kurz. Natürlich stimmt es auch, dass wir um alles bitten sollen, was wir gerne haben wollen. Aber <u>wir sollen auch bereit sein, für das zu beten, was wir eigentlich nicht wollen</u>. Demut könnte so ein Wunsch sein, auch das Leiden um Jesu willen fällt in diese Kategorie. So schrieb Paulus: „Um Christus allein geht es mir. Ihn will ich immer besser kennenlernen und die Kraft seiner Auferstehung erfahren, aber auch seine Leiden möchte ich mit ihm teilen und seinen Tod mit ihm sterben" (Philipper 3,10).

Jesus hat Freude daran, uns zu geben, was wir uns wünschen. Aber unsere oft sehr vergänglichen, wechselhaften Wünsche sind weit von dem entfernt, was Jesus uns darüber hinaus geben möchte. Unsere

Bitten sind so begrenzt, so blass und klein. Sie beziehen sich logischerweise auf das, was wir verstehen und begehren können. Wir selbst sind die Grenze unserer Wünsche.

Doch Jesus erweitert diese Grenze. Er fordert uns heraus, um mehr zu bitten, als wir selbst wollen. Wie schwach wäre die Verheißung Jesu, wenn sie sich nur auf Dinge beziehen würde, die wir uns ausdenken können. Aber wenn wir bereit sind, kühn und vorbehaltlos für alles zu beten, dann könnte daraus auch so ein Gebet werden: „Jesus, bitte tue mit mir alles, was du willst!" Wir beten dann nicht mehr nur für unsere eigenen Wünsche. Schließlich könnte Jesus Dinge mit uns machen, die wir selbst nicht unbedingt wollen.

Jesus wollte uns nicht nur mit den Segnungen beschenken, die unserer begrenzten Vorstellungskraft entspringen, sondern auch mit dem, was wir nicht wollen oder nicht verstehen. Er hat viel mehr für uns, als wir uns ausdenken können.

So gesehen ist es eigentlich gar nicht so krass, dass Jesus uns ermutigt, um alles zu bitten, was wir uns wünschen. Viel spannender ist der Aspekt, dass wir bereit sein sollen, um alles zu bitten, was Gott will. Im Zusammenhang mit dem Beten für Elefanten und der Verheißung Jesu, die diesem bittenden Gebet zugrunde liegt, ist dieser Gedanke sehr wichtig. Das könnte praktisch bedeuten: Vielleicht muss eine Christin darum bitten, dass Gott ihr hilft, ihrem Mann zu vergeben, der sie mit ihrer besten Freundin betrogen hat? Oder vielleicht betet jemand darum, dass Gott ihn willig macht, die Hälfte der Lebensversicherung in die Mission zu geben? Jesus sagte nicht nur: Bittet um alles, was ihr wollt. Er sagte auch: Bittet um alles, wozu ihr willig seid zu bitten. Wenn man diesen Satz so versteht, dann ist er viel ernster, als wir zunächst angenommen haben.

Sind wir bereit?

Bevor wir jetzt weiter für unsere Elefanten beten, müssen wir eine persönliche Antwort auf die thelō-Herausforderung geben. Sind wir bereit, um alles zu bitten, auch um das, was wir uns nicht wünschen? Es gilt, sich nicht nur auf dem Terrain der eigenen Wünsche zu bewegen, sondern das weite Land des Willens Gottes zu erkunden. Es geht um die Bereitschaft, Gott um alles zu bitten, was er für uns will – und es dann auch aus seiner Hand zu nehmen.

Denken wir an Jesus in Gethsemane. Er betete um das, was er wollte, aber dann auch um das, was er nicht wollte. „Vater, wenn es möglich ist, bewahre mich vor diesem Leiden. Aber nicht was ich will, sondern was du willst, soll geschehen" (Lukas 22,42).

Das ist ein mutiges, selbstloses Gebet. So ein Gebet setzt ganze Elefantenherden in Gang. Dazu forderte Jesus uns auf. Wollen wir so bitten?

3 Was sind meine Elefanten?

Gebet sorgt dafür, dass die gesunkenen Schätze eines Lebens wieder geborgen werden.

An der Leine

Schon im ersten Kapitel ging es darum, dass wir oft nicht genau wissen, wofür wir eigentlich beten sollen. Unsere Gebete sind manchmal nur wie kurze Überschriften: Wir bitten um Gottes Segen für die Familie, Arbeit, Freunde, Gesundheit und vielleicht noch ein paar bestimmte Dinge, wie zum Beispiel einen Kindergartenplatz für das Kind. Aber wenn wir unsere Wünsche konkret beschreiben sollten, dann wären unsere Gebete schnell zu Ende. Das liegt daran, dass wir uns daran gewöhnt haben, unstrukturiert zu beten und unsere Gebete von der Leine zu lassen.

Anfang der Neunzigerjahre, als ich noch Student an der Point Loma Nazarene University war, hatte ich eine Mitstudentin aus Alaska namens Wes. Sie fuhr einen Subaru, rauchte und hörte gerne die Musik von Tom Waits. Von ihr erfuhr ich einiges über ihre Heimat, was mich sehr faszinierte. Dazu gehörte auch die Geschichte von Forschern in Alaska, die sich in den Sechzigerjahren mit dem Wach- und Schlafrhythmus der Menschen befasst hatten. Probanden wurden in fensterlose Räume gesteckt, in denen Tag und Nacht das Licht brannte. Die Testpersonen hatten keinen Hinweis auf die Uhrzeit und es gab nichts, was sich zu einer bestimmten Zeit wiederholte. Nach dem, was Wes mir erzählte, hatten die Menschen unter diesen Bedingungen sehr unregelmäßige Wach- und Schlafzeiten. Es konnte vorkommen, dass ein Proband einen ganzen Tag lang wach war, dann zwei Stunden schlief, danach wieder sechs Stunden wach war, um dann fünfzehn

Stunden am Stück zu schlafen. Seine innere Uhr funktionierte überhaupt nicht. Ohne den Rhythmus der Natur waren die Testpersonen vollkommen orientierungslos.

Ich habe Wes seit damals, als wir im selben Wohnheim gewohnt haben, nicht mehr gesehen. Aber diese Geschichte beschäftigt mich bis heute. Sie ist sogar zu einem Insider zwischen meiner Frau und mir geworden, wenn wir uns zum Beispiel wieder viel zu viel vorgenommen haben. „Wir müssen unsere Termine wieder an die Leine nehmen", ermahnen wir uns dann gegenseitig und wissen sofort, worauf der andere anspielt. Dann setzen wir uns zusammen und sorgen dafür, dass wir wieder zu Klarheit und einem guten Rhythmus zurückfinden.

Das gilt auch in Bezug auf unser Gebetsleben. Wenn wir zu lange ohne Struktur gebetet haben, dann sind wir nicht mehr im Gleichschritt mit Gott unterwegs. Regelmäßiges Gebet ist wie ein Leuchtturm im Alltag, es schenkt uns Orientierung und gleicht unseren Lebensrhythmus mit dem Rhythmus Gottes ab.

An den Gebeten, die Gott erhört, können wir erkennen, was er gerade in unserem Leben und in der Welt um uns herum tut.

Rückenwind

Die Theorie, dass es drei mögliche Antworten auf unsere Gebete gibt, ist unter Christen weit verbreitet: Gott sagt entweder „Ja", „Nein" oder „Warte". Zugegeben: Ich erzähle in diesem Buch von vielen erhörten Gebeten, zu denen Gott offenbar Ja gesagt hat. Dennoch habe ich den Eindruck, dass Gottes Umgang mit unseren Gebetsanliegen deutlich vielschichtiger ist. Deshalb spreche ich lieber von „beantworteten" als von „erhörten" Gebeten.

Gott hat viel mehr Möglichkeiten, als nur „Ja", „Nein" oder „Warte" zu sagen. Manchmal richte ich eine konkrete Bitte an ihn, ohne dass er sie erhört. Stattdessen verändert er meine Gefühle in Bezug auf die Situation. Angenommen, ich habe eine Sorge zu Gott gebracht, die mich sehr beunruhigt. Es kann sein, dass Gott mich dann mit Frieden erfüllt und meine Gefühle, mein Denken und meinen Geist zur Ruhe bringt. Mit einem Mal nehme ich die Situation ganz anders wahr und die Sorge belastet mich nicht mehr. So hat Gott mein Gebet nicht erhört, sondern meinen Blick auf die Angelegenheit verändert. Vielleicht war mein Gebet in Gottes Augen falsch und er wird es nie erhören; aber der Heilige Geist schenkte mir eine Gelassenheit, die wertvoller ist als das, was ich mir von Gott gewünscht hatte.

Es ist gut, wenn wir uns beim Beten entspannen können, weil wir wissen, dass Gott sich jetzt um unser Anliegen kümmert. Das ist besser, als angespannt auf die Erhörung unserer Gebete zu warten. Daran erkennt man einen reifen Christen. Paulus lebte so: „Ich habe mich sehr gefreut und bin dem Herrn von Herzen dankbar, dass es euch wieder möglich war, mich finanziell zu unterstützen. Ihr wart zwar immer dazu bereit, aber wurdet in letzter Zeit durch die ungünstigen Umstände daran gehindert. Ich sage das nicht, um euch auf meine Not aufmerksam zu machen. Schließlich habe ich gelernt, in jeder Lebenslage zurechtzukommen. Ob ich nun wenig oder viel habe, beides ist mir durchaus vertraut, und so kann ich mit beidem fertigwerden: Ich kann satt sein und hungern; ich kann Mangel leiden und Überfluss haben. Alles kann ich durch Christus, der mir Kraft und Stärke gibt" (Philipper 4,10-13).

Außerdem habe ich verstanden, dass Gott viel mehr tun möchte als das, worum ich ihn bitte. Als beschränkter, einfacher Mensch bin ich sehr auf die Sache fokussiert, die ich mir wünsche. Gott dagegen sieht jedes meiner Anliegen aus seiner Ewigkeitsperspektive. Ich will jetzt gerade in dieser Situation gesegnet sein, aber Gott möchte in dieser Situation vielleicht Dinge tun, die ich noch gar nicht denken kann. Was Gott aus meinem Gebet um einen Elefanten gemacht hat, war viel mehr, als den Kids einen lustigen Nachmittag zu bescheren. Die Kraft unserer Gebete wächst unendlich, wenn Gott sie im Rahmen seiner Möglichkeiten beantworten kann.

Ich bezeichne diese vielfältigen Antworten Gottes gerne als den Rückenwind des Betens. Ein einziges Gebet kann viel mehr bewirken, als wir uns vorstellen können. Durch unser Beten kommt Gottes Wind auch in solche Segel unseres Lebensschiffes, an die wir beim Beten gar nicht gedacht haben.

Man kann es sich auch so vorstellen: Meine Mutter ist eine ausgebildete Köchin. Mit meinem Vater zusammen hat sie viele Restaurants eröffnet. Wenn ich mir von ihr etwas Bestimmtes zum Essen wünsche, dann bekomme ich nicht nur das, was ich mir gewünscht habe, sondern auch noch eine ganze Anzahl weiterer Dinge, die ihrer Meinung nach gut dazu passen. Zum Beispiel habe ich mir mal ein Filet Wellington gewünscht. Dazu bekam ich noch überbackene Kartoffeln, Spargel und einen Cäsarsalat. Ganz zu schweigen vom Nachtisch …

Wenn ich konkret und strukturiert bete, serviert Gott mir ein Menü, das viel mehr enthält, als ich mir gewünscht habe. Ich bitte ihn vielleicht um einen Burger, aber er schenkt mir ein ganzes Buffet.

Ich möchte noch einmal Epheser 3,20 betrachten: „Gott aber kann viel mehr tun, als wir jemals von ihm erbitten oder uns auch nur vorstellen können. So groß ist seine Kraft, die in uns wirkt." Das heißt doch, selbst wenn wir die ganze Ewigkeit damit zubringen würden, uns die wildesten Gebetsanliegen auszudenken, dann hätten wir immer noch nicht alles gebetet, was Gott für uns vorbereitet hat.

David kannte das göttliche Konzept vom Buffet. Darüber schrieb er im 23. Psalm sinngemäß: Du servierst mir ein Sechs-Gänge-Menü, direkt vor den Augen meiner Feinde. Du machst meinen müden Kopf wieder munter. Meine Tasse läuft über, weil du sie mit deinen Segnungen so voll gießt. Deine Schönheit und Liebe sind ständig hinter mir her, an jedem Tag meines Lebens (vgl. Psalm 23,5-6).

Wenn ich mein Gebetsleben schleifen lasse, dann fehlt mir Gottes Rückenwind und ich komme auch nicht in den Genuss von Gottes üppigem Menü an Antworten. Ich verpasse seine Präsenz in meinem Leben und er kann meine Tage nicht so genial und spannend gestalten, wie er es gerne tun würde. Viel zu oft habe ich planlos gebetet. Dazwischen hatte ich auch immer wieder Phasen, in denen ich mich zu regelmäßigem, strategischem und klar strukturiertem Gebet aufraffte. Doch früher oder später verlief alles wieder im Sande.

Nun kommen gleich die Zwischenrufe der Achtung-Gesetzlichkeit-Polizisten: „Und was ist mit Gnade?" Jungs, lasst die frommen Trillerpfeifen stecken! Jeder weiß, dass man ohne Gnade nicht beten kann. Ich möchte mir nicht vorstellen, was passieren würde, wenn ich mit meinen Anliegen vor Gottes Thron kommen würde, ohne durch die Gnade eingeladen zu sein. Ich komme als Erbe, als Sohn, dank der Gnade. Aus den Zeiten des Alten Testamentes wissen wir, wie gefährlich es war, in Gottes Nähe zu kommen, ohne vorher von der Sünde gereinigt und begnadigt worden zu sein.

> Wenn man geistliche Disziplin als gesetzlich abtut, kann es passieren, dass man dem inneren Schweinehund allzu leicht nachgibt.

Mir geht es um Entschlossenheit, die sich in einer festen Struktur zeigt. Das hat nichts mit gesetzlichen Gebetszeiten zu tun, die sich wie Fesseln um uns legen können. Ich spreche nicht von einem System, sondern von einem Rhythmus. Keiner meiner Leser soll das Gefühl bekommen, ich würde ihm eine schwere Last auflegen. Trotzdem denke ich, es ist immer noch besser, jemand betet auf gesetzliche Weise, als überhaupt nicht zu beten. So hat Gott zumindest einen Ansatzpunkt für sein Wirken. Wenn man geistliche Disziplin als gesetzlich abtut, kann es passieren, dass man dem inneren Schweinehund allzu leicht nachgibt. Genauso gilt: Wer im Namen der Gnade ständig das Gebet vernachlässigt, macht sich der Untätigkeit und Trägheit schuldig.

Pastor Orvilles Notizbuch

Ich habe sehr gerne mit Pastor Orville Stanton zusammengearbeitet. Bevor er in den Sechzigerjahren zu Jesus kam, war Orville Hippie. Seine Frau und er lebten jahrelang in einer Kommune. Im Garten wurde alles angebaut, was sie zum Leben brauchten, natürlich biologisch. Heute, mit sechsundsechzig Jahren, ist er immer noch stark wie ein Bulle. In mehreren Etappen wanderte er den Pacific Crest Trail. Das ist ein 4240 Kilometer langer Fernwanderweg im Westen der USA, der von der mexikanischen bis zur kanadischen Grenze geht.

Orville ist nicht nur ein Mann Gottes, er ist auch ein Mann des Gebets, der regelmäßig intensiv und sehr konkret betet. In seiner Hosentasche steckt immer ein kleines Notizbuch. Wenn jemand mit Orville redet und ihm irgendetwas erzählt, wofür man beten sollte – ein kranker Verwandter, Tickets für eine Veranstaltung am kommenden Geburtstag, was auch immer –, dann greift er automatisch in seine Hosentasche und holt das abgewetzte Blöckchen heraus. Dort ist aufgelistet, wofür er gerade betet.

Diese Liste seiner Gebetsanliegen liest sich wie ein Bericht dessen, was Gott im Leben von Orville und seiner Umgebung getan hat und tut. Wenn Orville sagt: „Ich bete für dich", dann macht er das auch. Er wirft nicht mit christlichen Floskeln um sich, um sein Gegenüber zufriedenzustellen.

Jeden Mittwoch, wenn wir uns als Pastoren zum Gebet trafen, zückte Orville seinen kleinen Block. War er mit Beten an der Reihe, dann hörte man immer, wie er die Seiten umblätterte. So dankte er für die Anliegen, die Gott beantwortet hatte, und brachte ihm die Themen, die noch in Arbeit waren. Orvilles Gebetsleben ist sehr strategisch. Wer die Gelegenheit hat, Orville zu fragen, wofür er gerade betet, der wird eine sehr konkrete Antwort bekommen. Und anhand seiner beantworteten Gebete kann Orville berichten, wie Gott mit ihm durch die Höhen und Tiefen seines Lebens gegangen ist.

Wie ist das bei uns? Ist unser Gebetsleben noch vage und verschwommen? Wenn uns jemand fragen würde, wofür wir gerade beten, könnten wir dann klar antworten? Diese Fragen sollen jetzt auf keinen Fall Schuldgefühle auslösen. Es geht mir darum, dass wir unser Verhalten beim Gebet unter die Lupe nehmen. Wäre es nicht schön, wenn jeder von uns eine Liste mit strategisch wichtigen Gebetsanliegen erstellen würde? Die Liste könnte ein Abbild davon sein, was Gott in der Zukunft für uns bereithält, und unsere Bestimmung auf dieser Erde wiedergeben.

Gesunkene Schätze

Jakobus schrieb: „Solange ihr nicht Gott bittet, werdet ihr nichts empfangen" (Jakobus 4,2). Um diesen Satz zu verdeutlichen, will ich die Geschichte eines Jungen erzählen, der einen Traum vom Himmel hatte. In seinem Traum wurde der Junge von Gott in einen Raum geführt. Dort gab es alle möglichen materiellen Besitztümer wie Autos, Häuser und viele Gebrauchsgegenstände, aber auch Dinge, die etwas gruselig aussahen: Augäpfel, Beine, Hände und Füße stapelten sich in verschiedenen Ecken. Der Junge fragte Gott, was damit wäre. Gott antwortete: „Das sind die Antworten auf Gebete, die nicht gebetet wurden."

Ob dieser Junge nun wirklich den Himmel gesehen hat oder nicht, spielt für mich keine Rolle. Auch wenn die Geschichte nur ausgedacht wäre, ist ihre Aussage trotzdem wertvoll. Sie entspricht dem, was uns auch die Bibel sagt: Vieles von dem, was Gott für uns hat, kommt nie an, weil wir nie darum bitten.

Es gibt den Einwand, dass wir mit diesem Denken die Souveränität Gottes infrage stellen. Doch ich würde sagen, man kann den Satz von Jakobus so nehmen, wie er da steht. Gottes Antworten auf all die Gebete, die nie gebetet wurden, liegen wie versunkene Schätze am Meeresgrund.

Wie ist das bei uns? Liegen manche Schätze unseres Lebens noch kilometerweit unter der Wasseroberfläche wie spanische Galeonen? Warten sie darauf, durch die Bergungsarbeit des Gebets nach oben geholt zu werden? Könnte es sein, dass wir Gottes Pläne für unser Leben verpassen, weil wir nie dafür gebetet haben?

Ich denke, das gilt für alle Christen: Keiner hat alle seine Segnungen bei Gott abgeholt. Gott hat einfach mehr für uns, als wir uns vorstellen können. „Gott aber kann viel mehr tun, als wir jemals von ihm erbitten oder uns auch nur vorstellen können. So groß ist seine Kraft, die in uns wirkt" (Epheser 3,20). Wie viel Gott in unserem Leben wirken kann, hängt von unserem bittenden Gebet ab – aber natürlich auch von der Gnade Gottes.

Fantasie des Geistes

Das Problem mit den versunkenen Schätzen ist, dass sie meist nicht dort liegen, wo man sie vermutet. So ist es mit dem bittenden Gebet auch. Oft fehlt es uns einfach an der nötigen Fantasie. Der Heilige Geist muss unsere Aufmerksamkeit dorthin lenken, wo seine Schatzkiste liegt. Geistgeleitete Fantasie ist eine Triebkraft des Gebets. Nur wenig Gläubige verbringen regelmäßig Zeit damit, sich vorzustellen, wie ihr Leben und ihre Umgebung aussehen könnte, wenn Gott mehr Raum hätte. Wir neigen viel mehr dazu, über die Fehler der Vergangenheit zu trauern und uns vor der Zukunft zu fürchten. Wie wäre es, wenn wir stattdessen im Gebet die Vergangenheit bereinigen und die Zukunft beeinflussen würden?

> Geistgeleitete Fantasie ist eine Triebkraft des Gebets.

Nehmen wir einmal an, unser Kind hat mit Drogen zu tun. Natürlich beten wir, dass es von den Drogen loskommt. Aber nur selten stellen wir uns vor, was aus dem Kind werden könnte, wenn es von den Drogen weg ist. Wie wird sein Leben dann aussehen? Dafür sollten wir beten! Es ist viel zu wenig, nur für ein Leben ohne Drogen zu beten. Wir sollten für die Zukunft des Kindes beten, für seine berufliche Laufbahn, seine Träume, den Ehepartner, Kinder etc. Mithilfe einer vom Heiligen Geist geleiteten Fantasie können wir mit unserem Gebet weit in die Zukunft hineinreichen. Nur wenige Christen tun das. Die aktuellen Krisen beherrschen uns und verhindern, dass wir betend und vom Heiligen Geist geleitet in die Zukunft schauen.

Beim Thema Fantasie denke ich gerne an zwei herausragende Persönlichkeiten unserer Zeit: Walt Disney und Steve Jobs. Jeder von ihnen hatte eine Zukunftsvision, die ihn von seinen Mitmenschen unterschied. Beide arbeiteten fleißig. Aber vor allen Dingen verfügten beide über eine lebhafte Fantasie, die für ihr Leben und ihren beruflichen Erfolg bestimmend war. Disney und Jobs nahmen sich viel Zeit zum Träumen, mindestens so viel Zeit, wie sie sich zum Arbeiten nahmen.

Es wird berichtet, wie Disney kurz vor der Pleite stand. Statt zu Geldgebern zu gehen und nach Lösungen zu suchen, saß er mit seinem Zeichenblock im Zug und träumte. Was er damals zu Papier brachte, hat die Welt verändert. Er selbst erinnerte sich: „Micky Maus sprang einfach aus meinem Kopf direkt auf mein Papier. Das war vor zwanzig Jahren während einer Zugfahrt von Manhattan nach Hollywood. Damals waren mein Bruder Roy und ich finanziell am Tiefpunkt und wir rechneten ständig mit dem Schlimmsten."[6]

Mir gefällt die Formulierung, Micky Maus sei einfach aus seinem Kopf gesprungen. Diese Figur, die nicht nur sein Leben, sondern die ganze Welt veränderte, hüpfte ganz unvermittelt aus seinen Hirnwindungen, während er im Zug saß. Vielleicht passiert uns ja auch so etwas? Während wir Zeit mit fantasievollem Beten verbringen, kommen plötzlich Elefanten, die unser Leben verändern werden, aus unserem Kopf gepoltert. Ich kann mir das gut vorstellen.

Auch Steve Jobs hat mal etwas über Kreativität und Fantasie gesagt: „Kreativität verknüpft Dinge. Wenn man kreative Menschen fragt, wie sie etwas gemacht haben, dann können sie das oft nicht genau erklären. Sie haben nicht das Gefühl, etwas Tolles *geschaffen* zu haben, sie haben es einfach nur *gesehen*. Es war für sie so naheliegend, so klar. Sie konnten mit der Erfahrung, die sie schon hatten, etwas Neues schaffen."[7]

Auch Gebet hat viel mit Fantasie zu tun. Um gut beten zu können, müssen wir uns vorstellen, was wir wollen, und das dann in Gebeten ausdrücken. Als mir das klar wurde, veränderte sich vieles bei mir. Davor hatte ich oft den Eindruck, dass die strategischen, konkreten Anliegen mir einfach während des Betens so in den Sinn kamen.

Manchmal war das auch wirklich so. Oft geschah das aber auch nicht. Und das waren dann immer die Gebetszeiten, die ich frühzeitig und frustriert abbrach.

Nun verbringe ich mindestens so viel Zeit mit Träumen, wie ich mir zum Beten nehme. Zuerst male ich mir die zukünftige Situation aus, dann mache ich daraus strategische, klar strukturierte und konkrete Gebetsanliegen. Manchmal verbringe ich eine geschlagene Stunde damit, mir die Punkte vorzustellen, die auf meiner Elefantenliste stehen. Wenn ich beim Punkt „Ehe" bin, dann bitte ich Gott, mir wieder neue Bilder von diesem Teil meines Lebens zu schenken. Ich überlege, um welche neuen Segnungen ich für meine Frau und mich bitten könnte. In meiner Vorstellung gehe ich zehn Jahre in die Zukunft. Welche Orte werden wir besuchen, wie tief wird unsere Liebe sein, welche geistlichen Abenteuer werden wir in unserem Dienst für Gott erleben, wie wird unser Familienleben aussehen? Wird Jesus im Zentrum von allem stehen?

Dann gehe ich gedanklich weiter zu meiner kleinen Tochter. Ich überlege, wie ihr Schulalltag später aussehen könnte. Ich stelle mir vor, wie sie nur so sprüht vor Leben. Wie werden die Freunde von ihr aussehen, die Jesus ihr zur Seite stellen wird? Ich stelle mir vor, wie sie sich im Schülerbibelkreis engagiert. Dann male ich mir aus, wie sie ihre Ausbildung abschließt. Wie wird das sein, wenn sie nicht nur an Gott glaubt, sondern ihn als ihren himmlischen Vater kennt? Ich gebe mir alle Mühe, mir alles mindestens so schön auszumalen, wie Gott es wohl geplant hat. Gut, dass der Heilige Geist mir beim Träumen hilft und mich lenkt.

Das klingt jetzt leichter, als es oft ist. Gebet ist eine Arbeit der Liebe. Es ist schwer, so in der Fantasie unterwegs zu sein. Oft sitze ich lange da, ohne ein Wort niederzuschreiben. Aber es gibt auch Momente, in denen ich plötzlich etwas vor Augen habe, von dem ich weiß, es wird alles verändern. Ich höre den Elefanten schon durchs Gebüsch trampeln. Dann mache ich mich ans Beten und setze diesen Punkt auf meine Liste.

Unsere Fantasie trägt dazu bei, Größeres zu beten und Gottes Willen in unserem Leben freizusetzen. Wie groß ist unsere Fantasie? Wenn Walt Disney oder Steve Jobs unsere Gebete hören könnten, würden sie staunen?

Beten und los!

Dieses Buch ist kein Buch über das Gebet, sondern ein Buch, das zum Beten auffordert. Das ist ein großer Unterschied. Ich habe unendlich viele wunderbare Bücher über das Gebet gelesen, aber gebetet habe ich danach trotzdem nicht. Im Gegenteil. Ich fasste gute Vorsätze und mein schlechtes Gewissen war vorübergehend etwas entlastet. Aber ich lebte weiterhin ohne Gebet. Kommt dir bekannt vor? Aus diesem Grund habe ich mir alle Mühe gegeben, ein Buch zu schreiben, das lebendig wird, wenn man es betend liest. Wer schon bis hierher gekommen ist und noch nicht angefangen hat zu beten, dem möchte ich Mut machen: Es lohnt sich, Gott um Elefanten zu bitten!

Auch für Orville, der diesen langen Wanderweg zurückgelegt hat, begann jede Etappe mit dem ersten Schritt. In unserem Fall heißt das: Alles fängt damit an, dass wir uns ein bisschen Zeit nehmen, um durch entschlossenes, vom Heiligen Geist geleitetes, fantasievolles, bittendes Gebet ein paar unserer Elefanten ausfindig zu machen.

Ich möchte jeden dazu motivieren, eine Liste mit hundert Elefanten-Gebetsanliegen zu schreiben. Das klingt furchtbar viel, aber wenn wir im Gegenzug eine Flut von göttlichen Antworten bekommen, ist es doch kein so großer Aufwand, oder? (Natürlich geht auch jede andere Zahl; es müssen nicht hundert sein.) Wenn ich einen Milliardär zur Hand hätte, der jedem Leser hundert materielle Wünsche erfüllen würde, dann wären die Listen bestimmt schnell geschrieben … Ob etwas viel oder wenig Arbeit macht, hängt wirklich nur von unseren Prioritäten ab.

Natürlich ist Gott kein Kaugummiautomat, der für jedes Gebet eine Erhörung ausspuckt, kaum hat man die Münze eingeworfen.

Aber Gott ist ein Hörer unserer Gebete. Er ist der Herr des Universums, der Freude daran hat, auf die Bitten seiner Kinder zu reagieren. Wenn wir diese Herausforderung ernst nehmen und den Himmel mit unseren fantasievollen, konkreten Wünschen bestürmen, dann wird Gott antworten. Wenn wir diese Gebete pflegen, werden sie wie ein sanfter Wind in unserem Herzen sein, aus dem Gott einen mächtigen Sturm machen kann. Er wird uns und unsere Umgebung durcheinanderwirbeln.

Wer sich darauf einlässt, kann sich auf etwas gefasst machen.

Lieber Pastor Stadtmiller,
anbei der kleine Elefanten-Briefbeschwerer, den ich in Kenia für Sie gekauft habe. Dazu möchte ich Ihnen folgende Geschichte erzählen:

Meine Eltern waren engagierte Christen. Kamen Missionare zu Besuch in unsere Gemeinde, dann wohnten sie meist bei uns zu Hause. Ich durfte dann abends lange aufbleiben und zuhören, was die Missionare Spannendes berichteten.

Einmal bekam ich von einer Missionarin ein selbst gemachtes Lesezeichen. Darauf stand das Wort DALAT. Sie erklärte mir, das sei der Name einer Schule für Missionarskinder. Ich war damals erst fünf Jahre alt, aber ich wusste schon, dass ich Lehrerin werden wollte. Durch dieses Lesezeichen wusste ich es noch genauer: Ich wollte Lehrerin auf einer Missionsschule werden. Seit damals sehnte ich mich danach, in die Mission zu gehen. Aber es hat nie gepasst.

Am 10. März besuchte ich eine Veranstaltung über Kurzzeiteinsätze in unserer Gemeinde. Sofort spürte ich den starken Wunsch, nach Kenia zu gehen. Nur fehlte mir dazu das nötige Geld, rund 3100 Dollar. Ein paar Wochen davor hatte ich Ihre Elefantengeschichte gehört. Ich fing also an, intensiv für meinen Elefanten zu beten, jeden Tag. Ständig dachte ich an Kenia. Ich betete: „Herr, bitte lass dieses Verlangen, nach Kenia zu reisen, weggehen oder hilf, dass ich den Einsatz finanzieren kann."

Am zwölften Tag bekam ich einen Anruf von der Verwaltung meiner Schule. „Wir haben einen Scheck für Sie. Bitte kommen Sie, um ihn abzuholen." Ich erklärte, dass das nicht sein könne, schließlich war ich zu der Zeit unbezahlt von meiner Arbeit freigestellt. Die Dame am Telefon überprüfte alles noch einmal und versicherte mir, dass mir das Geld zustehe. Also fuhr ich zur Schule und betete während der ganzen Fahrt. Dann erhielt ich den Scheck: Darauf stand der Betrag von 3137 Dollar.

Ich bin so glücklich! Nach fast vierzig Jahren habe ich meinen Elefanten bekommen! Deshalb habe ich Ihnen in Kenia diesen kleinen Elefanten gekauft.

Gott segne Sie!
Jana

4 Außerhalb von Raum und Zeit

Wenn der Glaube aufhört zu beten, dann hört er auf zu existieren.
  E. M. Bounds

Lost in space

Gebet ist die Startrampe, von der unser Leben in die unsichtbare Welt geschossen wird. Doch wie ein Astronaut, dessen Kapsel die Erdatmosphäre verlassen hat und im luftleeren Raum unterwegs ist, so kann sich auch ein Beter manchmal einsam und hilflos fühlen, sozusagen „lost in space".

Wenn ich mein Gebetsleben noch mal ganz neu starten möchte, fange ich immer mit den besten Absichten an. Das passiert zum Beispiel nach einer tollen Konferenz oder einem Gottesdienst, wo über Gebet gesprochen wurde. Ich bin total begeistert und fest entschlossen, das Beten ab sofort wieder ganz ernst zu nehmen und ein richtig guter Beter zu werden. Das läuft dann meistens so:

Um 5.30 Uhr klingelt der Wecker. Ich drücke auf die Schlummer-Taste und drehe mich noch mal um. Zwanzig Minuten später tritt meine Frau nach mir und knurrt, ich solle jetzt endlich aufstehen oder zumindest den Wecker ausmachen. Müde klettere ich aus dem Bett.

Den Weg zur Kaffeemaschine finde ich mit geschlossenen Augen. Bohnen mahlen. Wasser einfüllen. Filter einsetzen.

Bis der Kaffee fertig ist, checke ich noch kurz die E-Mails. Bevor ich merke, was ich tue, habe ich auch nach den neuesten Sportergebnissen gesehen und die Flugpreise für eine Reise verglichen, die ich wahrscheinlich nie machen werde.

Wo ist bloß meine Lieblingstasse? Ich suche im ganzen Haus nach ihr. Weitere fünf bis zehn Minuten verstreichen. Natürlich haben wir viele Tassen, aber ich brauche meine Lieblingstasse. Jesus hatte doch auch einen besonderen Kelch, den Heiligen Gral, oder? Ich brauche meine Tasse. Das ist biblisch.

Es ist 6.20 Uhr. Meine Kinder stehen auf. Ich verschwinde in meinem Büro, schließe die Tür hinter mir und versinke in meinem Gebetssessel. Wer keinen Gebetssessel hat, sollte sich unbedingt einen anschaffen!

Ich versuche, innerlich zur Ruhe zu kommen, aber die Gedanken jagen sich in meinem Kopf wie tausend wilde Affen auf der Suche nach ihrer Kokosnuss. Ich will jetzt beten! Zuerst für meine Frau. Kurz bevor mein erster Satz zu Ende ist, erinnere ich mich: *Als Erstes kommt immer das Sündenbekenntnis.* Schnell höre ich wieder auf, für meine Frau zu beten, und erstelle stattdessen eine ellenlange Liste der Dinge, für die ich Vergebung brauche. Ich bin noch lange nicht fertig, Gott diese Liste vorzutragen, als mir einfällt, dass vor dem Sündenbekenntnis doch die Anbetung stehen sollte.

Das habe ich schon als Kind im Kindergottesdienst gelernt: Anbetung, Sündenbekenntnis, Dank, Fürbitte – so muss man beten. Ob solche strengen Abläufe wirklich gut sind, habe ich mich schon immer gefragt. Es geht beim Beten doch um die Beziehung zu Gott! Aber zur Sicherheit will ich mich heute lieber daran halten. Also fange ich an, Gott anzubeten. Welches Lied soll ich bloß singen?

Da kommt mir die Erleuchtung: Meine ganze Gebetszeit würde durch schöne Anbetungsmusik im Hintergrund beflügelt werden! Ich erhebe mich aus meinem Gebetssessel und suche meinen großen Kopfhörer. Das dauert eine Weile. Plötzlich ist es kurz vor 7. Die Kinder trommeln gegen die Tür. Na gut, eigentlich stören sie mich gar nicht. In den letzten zwanzig Minuten habe ich ohnehin nur neue Anbetungslieder auf iTunes gekauft. Die Zeit ist um.

Ich muss jetzt arbeiten.

Bin ich eigentlich der Einzige, dem es so geht?

Gebetsexperten

Ich habe immer davon geträumt, ein super Beter zu werden. Leute wie Franz von Assisi, Teresa von Avila, mein Freund Andy aus England oder Bruder Lorenz, der sich ständig in der Gegenwart Gottes befand, faszinieren mich. Diese Gebetsprofis haben wirklich Gott erlebt. Manche Beter sind so berühmt, dass man sie vermutlich im nächsten Gartencenter als Tonfigur kaufen und zu Hause hinstellen kann. Man stelle sich vor: Eines Tages, wenn wir richtig gute Beter geworden sind, stehen auch wir als Tonfiguren bei den Leuten im Garten. Das ist in meinem Fall allerdings ziemlich unwahrscheinlich, weil ich beim Beten ein hoffnungsloser Fall bin. Wahrscheinlich liegt es daran, dass ich ein extrovertierter Typ bin und ADHS habe.

Meine Frau kann richtig gut beten, viel besser als ich. Sie ist introvertiert und hat die perfekte Hormonausstattung zum Beten. Ich finde das ein bisschen unfair den Extros gegenüber, Gott hätte das irgendwie ausgleichen müssen. Jedenfalls sitzt meine Frau Karie stundenlang reglos da, mit der Bibel auf dem Schoß, und redet mit Gott. Man könnte sie als Sitzstange für die Vögel im Garten benutzen. Mich nicht.

Das Dumme ist: Sobald wir anfangen, unsere Gebetszeiten zu beurteilen oder andere für unerreichbar gute Beter zu halten, driften wir von Gottes Weg ab. Bei Gott gibt es keine Experten. Gott sucht keine Profis, sondern kühne und demütige Menschen.

Damals an der Point Loma Nazarene University gab es einen Professor namens Dr. Paul Orajala.[8] Paul war ein freundlicher Mann. Immer, wenn ich in Schwierigkeiten war und zu ihm ging, ermutigte er mich und gab mir einen guten Rat. Er sagte: „Adam, es gibt keine Fachleute fürs Gebet. Gebet ist ein Erzeugnis der Ewigkeit. Kein Mensch kann gut sein in etwas, das zur Ewigkeit gehört. Wenn dir jemand sagt, er sei ein ganz toller Beter, dann geh ihm aus dem Weg."

Was Dr. Orajala mir damals sagte, entspricht der Gnade Gottes. Menschliche Leistungen sind aus Gottes Perspektive einfach lächerlich. Religiöse Anstrengungen können sich wie schwere Lasten auf uns legen. Wir leben dann mit dem ständigen Gefühl der Schuld und haben ein schlechtes Gewissen, weil wir den Anforderungen nicht gerecht werden.

Ich kenne noch jemanden, der davon sprach, dass beim Beten oder anderen frommen Aufgaben niemand von Natur aus besser ist als andere. Er schrieb darüber in seinem Brief an die Römer: *„Dabei hilft uns der Geist Gottes in all unseren Schwächen und Nöten. Wissen wir doch nicht einmal, wie wir beten sollen,* damit es Gott gefällt! Deshalb tritt der Geist Gottes für uns ein, er bittet für uns mit einem Seufzen, wie es sich nicht in Worte fassen lässt" (Römer 8,26; Hervorhebung durch den Autor).

Damit sagte Paulus, dass jeder, der beten will, zunächst einmal gar nicht dazu in der Lage ist. Kein Mensch weiß, wie man richtig betet. Das gilt auch für die berühmtesten Beter auf der ganzen Welt. Auch ihre Gebete beginnen in Schwachheit und Abhängigkeit. Im Gebet sind wir immer die Unterlegenen. Das Gebet erhält seine Kraft und Wirksamkeit nicht dadurch, dass bestimmte Menschen beten oder dass sie es auf eine bestimmte Art tun. Alles steht und fällt mit dem Vater-Gott, dem es Freude macht, die Schwachheit seiner Kinder in Stärke zu verwandeln.

Wenn unsere Gebete von einer Startrampe der Schwäche ausgehen, dann haben sie gute Aussichten, stark und effektiv zu werden. Während die Gebete aus unserem Herzen aufsteigen und in die unsichtbare Welt fliegen, werden sie verwandelt und gewinnen an Stärke. Paulus bezeichnete Schwäche als einen Faktor, der die Gläubigen stark macht: „Und so trage ich alles, was Christus mir auferlegt hat – alle Misshandlungen und Entbehrungen, alle Verfolgungen und Ängste. Denn ich weiß: Gerade wenn ich schwach bin, bin ich stark" (2. Korinther 12,10).

Diese Aussage bezieht sich nicht direkt auf das Beten. Aber insgesamt wird an vielen Stellen in der Bibel deutlich, wie hilfreich es ist, sich seiner Schwachheit bewusst zu sein. Dazu gehört auch das Gebet.

Paulus vertraute nicht auf sich selbst oder auf seine Fähigkeiten, sondern er lebte in der vollkommenen Abhängigkeit von Gott. So schrieb er an die Galater: „Darum lebe nicht mehr ich, sondern Christus lebt in mir! Mein vergängliches Leben auf dieser Erde lebe ich im Glauben an Jesus Christus, den Sohn Gottes, der mich geliebt und sein Leben für mich gegeben hat" (Galater 2,20).

Unterwegs

Dieses ganze Beten für Elefanten ist nur möglich, wenn wir schwach sind, sodass Gott in uns stark sein kann. Diese Perspektive ist sehr wichtig für jeden, der beten lernen will. Viel zu oft werden wir traurig, wenn wir sehen, wie wenig wir tun können. Statt unsere Schwäche zuzugeben und dadurch stark zu werden, schämen wir uns dafür und lassen uns vom Beten abbringen. Viele Gläubige haben für sich selbst mit dem Thema Gebet abgeschlossen, weil sie es einfach nicht geschafft haben. Ich hatte auch immer wieder solche Phasen.

Auf dieser Schiene kriegt uns der Teufel regelmäßig. Er legt uns eine Lüge vor, zum Beispiel, dass es Menschen gibt, die besonders gute Beter sind. Und schon hören wir auf zu beten. Doch das ist nicht biblisch, es gibt keine Anfänger und Fortgeschrittenen beim Beten.

Die Bibel lehrt, dass es nur Anfänger gibt, wie wir oben in Römer 8,26 gelesen haben. Tatsächlich ist sogar das Wort „Anfänger" noch zu anspruchsvoll. Wir sind Babys, Neugeborene, die restlos auf ihren Papa-Gott angewiesen sind. Wenn er uns nicht die Gebete schenkt, sie wirksam macht und vermehrt, können wir nicht beten. Wir plappern unsere kindischen Worte in Gottes ewige Welt und er empfängt sie voller Freude und Wertschätzung.

Wenn wir uns für hoffnungslose Fälle beim Beten halten, weil wir einfach nicht die Disziplin aufbringen, die wir gerne hätten, dann sind wir genau da, wo Gott uns haben will. Je schwächer, verlorener und verzweifelter wir uns fühlen, desto stärker sind wir. Das ist das Vertrauen, das wir der Schwachheit entgegenhalten.

Das hat auch Dr. Orajala mir damals gesagt: Ich solle niemals versuchen, ein guter Beter zu werden, sondern immer ein Pilger bleiben, der einem Ziel entgegengeht.

Weite Welt

Denken wir noch einmal an den Astronauten, den ich zu Beginn des Kapitels als Beispiel genommen habe. Ähnlich, wie kein Mensch ein perfekter Fachmann fürs Gebet sein kann, so gibt es auch niemanden, der sich mit dem Leben im Weltraum wirklich auskennt. Wie könnte man ein Spezialist für etwas sein, von dem man so wenig weiß? Man muss einen Astronauten nur fragen: „Wie groß ist der Weltraum eigentlich?" Selbst wenn jemand schon tausendmal auf dem Mond gewesen wäre, könnte er diese Frage nicht beantworten.

Oder würden wir die NASA fragen: „Wo sind wir?", könnte sie zwar berechnen, wo die Erde in Relation zu anderen Planeten ist; aber da die Größe des Universums unbekannt ist, kann man auch nicht bestimmen, wo wir gerade sind. Wer aber nicht sagen kann, wie groß das Universum ist und an welcher Stelle wir uns befinden, dessen Wissen ist doch ziemlich begrenzt. Würden wir zu jemandem ins Auto steigen, der nicht weiß, wo er ist? Vielleicht würde er tagelang im Kreis fahren!

Astronauten werden das Universum niemals wirklich kennen, aber sie können es erleben und viele intensive Erfahrungen machen. Das Gleiche gilt auch für uns und die unendlich weite Welt des Gebets. Wir werden nie alles erforschen können, aber Erfahrungen sammeln können wir schon.

Neil Armstrong könnte uns Dinge vom Weltraum erzählen, die wir erst verstehen würden, wenn wir selbst dort gewesen wären. Er hatte von dort aus einen Blick auf die Erde, den nur wenige Menschen kennen. Auch die Hitze der Sonne, die nicht von der Ozonschicht abgeschwächt ist, hat er erlebt. Er betrat den Mond und sah die Galaxien von seinem Logenplatz aus. Auch wenn Armstrong nach den Kriterien, die ich oben aufführte, kein Experte für den Weltraum ist, so hat er doch Erfahrungen im Weltraum gemacht, um die wir ihn alle beneiden.

Ähnlich wie Armstrong das Universum erlebt hat, so können wir die Weite des Gebetsuniversums intensiv und beeindruckend erfahren. Wahrscheinlich müssen wir einfach nur unseren Raumanzug anziehen und den Startknopf drücken – im Bewusstsein der eigenen Schwäche. Paulus schrieb: „Aber er hat zu mir gesagt: ‚Meine Gnade ist alles, was du brauchst! Denn gerade wenn du schwach bist, wirkt meine Kraft ganz besonders an dir.' Darum will ich vor allem auf meine Schwachheit stolz sein. Dann nämlich erweist sich die Kraft Christi an mir" (2. Korinther 12,9).

Nun haben wir uns lange genug mit unserer Schwachheit beschäftigt. Als Nächstes wollen wir herausfinden, wie sie in Stärke verwandelt werden kann.

Wie ein Pirat

Meine Frau und ich lieben England. Wir verbringen so viel Zeit wie möglich in Großbritannien, und zu Hause in den USA haben wir jede Menge englischer Bilder, Literatur und Souvenirs. Wenn die Mädchen von einem anstrengenden Schultag nach Hause kommen, dann haben wir eine englische Familien-Tea-Time mit Dattelkuchen oder Rosinenbrötchen mit Sahne. Manchmal setzen wir sogar einen künstlichen englischen Akzent auf. Ich geb's zu, wir übertreiben es manchmal. Wir sind wirklich Nerds.

Wenn Karie und ich ins Kino gehen, dann schauen wir uns nicht Superman oder einen der aktuellen Actionfilme an. Wir lieben die alten englischen Klassiker von Jane Austen. „Persuasion" und „Stolz und Vorurteil" haben wir schon ziemlich oft gesehen. Es fehlt nur noch, dass ich einen Zylinder trage und Karie mich Mr. Darcy nennt!

Doch egal wie oft wir nach England fahren oder die Länder besuchen, die zu Großbritannien gehören, wir sind trotzdem anders. Wir sprechen zwar dieselbe Sprache, aber die Worte haben oft ganz unterschiedliche Bedeutungen. Wenn man im Amerikanischen vom „bathroom" spricht, sagt man im Englischen „loo". In den USA haben wir „police officers", in England haben sie „bobbies". Die Amerikaner wollen es „right" machen, die Engländer machen es „proper".

Wenn ich in England unterwegs bin, passiert es mir immer wieder, dass die Leute plötzlich über mich lachen. Ich will etwas ganz Normales sagen, aber für Engländer klingt es total lustig. Durch die Übersetzung ist etwas verloren gegangen, es ist „lost in translation".

In meinem „Urban Dictionary" steht bei dem Stichwort „lost in translation": „Wenn etwas in eine andere Sprache übersetzt und dann wieder zurückübersetzt wird in die Ausgangssprache, geht aufgrund der Unterschiede der beiden Sprachen oft ein Teil des Inhalts verloren."[9] Das passiert sogar zwischen amerikanischem und britischem Englisch. Aber viel krasser ist das natürlich, wenn es um zwei ganz unterschiedliche Sprachen geht.

Beim Beten kommt so etwas nicht vor. Egal welche Gebete wir zum Himmel schicken, die Engel lachen uns nie aus. Im Gegenteil. Der Heilige Geist sortiert unsere schwachen, konfusen Gebete, während sie die Strecke von der sichtbaren in die unsichtbare Welt zurücklegen. Er übersetzt sie, sodass sie besser, verständlicher und Gott angemessener sind.

Hier zeigt sich, wie Gott unsere Schwäche in Stärke verwandelt. In der modernen Bibelübersetzung von Eugene Peterson wird das besonders deutlich.

Wenn uns das lange Warten ermüdet, kommt der Heilige Geist uns zur Seite und hilft uns weiter. Wenn wir nicht wissen, wie oder wofür wir beten sollen, dann macht das nichts aus. Er betet in uns und an unserer Stelle. Auch aus unseren wortlosen Seufzern und unserem qualvollen Stöhnen macht er Gebete. Er kennt uns viel besser, als wir uns selbst kennen, er weiß, in welcher Verfassung wir gerade sind, und bringt uns bei Gott immer wieder in Erinnerung. Deshalb können wir

mit so großer Gewissheit sagen, dass jedes Detail unseres Lebens von Gott zum Guten gewendet werden wird, wenn wir ihn lieben.
Römer 8,26-28 (frei ins Deutsche übertragen)

Das müssen wir uns noch einmal genauer anschauen. Während wir beten, ist der Heilige Geist immer miteinbezogen und bringt unsere Bitten vor den Thron Gottes. Das heißt, wir beten nie alleine. Was würde passieren, wenn wir uns mehr darüber im Klaren wären? Würde das nicht unser Beten beeinflussen? Wenn der Heilige Geist mit uns zusammen betet, dann dürfen wir erwarten, dass eine große Kraft und eine göttliche Absicht unsere Gebetszeit beflügeln. Wie ein Pirat fängt und beschlagnahmt der Heilige Geist jedes unserer Gebete. Wir geben uns die größte Mühe, ein leidenschaftliches, sinnvolles Gebet zustande zu bringen, und dann kommt der Heilige Geist einfach und sagt: „Von hier an übernehme ich das Ruder."

Nachdem der Heilige Geist unsere Gebete beschlagnahmt hat, reinigt er sie von falschen Motiven, einem eingeschränkten Verständnis für das, was wirklich gut für uns ist, von Stolz und anderen „unhimmlischen" Dingen. Dann reicht er sie als Bekenntnis, Dank und Fürbitte an den Vater weiter. Sie sind nun vollkommen und können, wie Segel im Wind, durch die Kraft des Heiligen Geistes unser Leben voranbringen.

Wenn man sich das überlegt, dann macht es einfach keinen Sinn, sich dafür zu entschuldigen, dass man sich beim Beten nicht gut ausdrücken kann. Es ist unlogisch, andere dafür zu bewundern, dass sie „so toll beten" können. Gebet ist viel mehr als die Worte, die wir sagen. Es geht um ein Herz, das sein Seufzen an Gott richtet, nicht um eine sprachliche Übung, die die Zuhörer beeindrucken soll.

Gleichzeitig gilt: Die Worte, die wir sagen, haben auch Macht. Worte, die wir im Gebet aussprechen, können strategisch wichtige Türen in unserem Leben öffnen. Einerseits. Andererseits möchte ich jedem die Angst nehmen, nicht gut genug zu beten. Auch wenn wir vieles nicht verstehen und entsprechend „falsche" Dinge beten, der

Heilige Geist baut unsere Gebete einmal auseinander und dann wieder zusammen, ehe er sie dem Vater überreicht. Das Ein-Satz-Gebet eines kleinen Kindes, das aus tiefem Herzen kommt und voller Glauben ist, kann den ganzen Himmel in Bewegung setzen. Im Gegensatz dazu kann ein perfekt ausgefeiltes, feierliches, eindringliches Profi-Gebet manchmal auch oberflächlich und nur auf menschliche Anerkennung aus sein.

Weil der Heilige Geist unsere Gebete umschreibt und überarbeitet, wird jedes Gebet, das aus einem aufrichtigen Herzen kommt, als perfektes Gebet im Himmel ankommen. Es ist nicht unsere Aufgabe, das Gebet vollkommen zu machen, das macht der Heilige Geist für uns. Wie Peterson übersetzte: „Der Heilige Geist betet an unserer Stelle." Egal welche Worte wir nehmen, Hauptsache wir beten überhaupt. Nur wenn wir gar nicht beten, dann haben wir mit unserem Gebetsleben einen Fehlstart hingelegt.

Kein guter Anfang

Den 28. Januar 1986 werde ich niemals vergessen. Damals war ich in der zehnten Klasse und wurde einen ganzen Tag lang vom Unterricht ausgeschlossen, weil ich Mist gebaut hatte. Stattdessen musste ich irgendwelche Strafarbeiten machen. Gegen 11.15 Uhr wurde ich ins Büro des Rektors gerufen. „Was habe ich denn jetzt schon wieder falsch gemacht?", dachte ich empört. „Kann man bestraft werden, während man eine Strafe ableistet?"

Im Rektorat herrschte eine seltsame Stimmung, eine Mischung aus Trauer und Panik. Die Leute standen reglos im Raum und sahen irgendwie schockiert aus. Jemand schaltete ein Radio ein. Das Raumschiff Challenger war direkt nach dem Start explodiert. Ich war gerufen worden, um das allen Klassen mitzuteilen.

Ich weiß noch genau, wie ich mich an diesem Tag fühlte. Obwohl ich die Leute, die in dem Raumschiff waren, nicht kannte, war ich total erschüttert. Allen ging es so. Wahrscheinlich war der Schock so groß, weil es für uns und für die Generationen vor uns so neu war, das Universum zu betreten.

Für die heutige Generation ist die Erforschung des Weltalls längst normal, aber damals, direkt nach dem Unglück, war das ganz anders. Damals gab es eine Art von heiliger Entschlossenheit, sich auf keinen Fall von dem Unfall bremsen zu lassen.

Fertig, los!

Man kann sich ein Leben lang auf den Start vorbereiten, aber solange man nicht den entsprechenden Knopf drückt, bleibt man am Boden. Vielleicht haben wir schon einige Gebetserfahrungen gesammelt, gute und weniger gute. Doch falls unser Gebetsleben gerade am Boden ist, dann müssen wir auf jeden Fall wieder neu starten. Das will ich mit meinem Buch erreichen. Wer noch nicht damit angefangen hat, seine Elefanten zu identifizieren, der kann es jetzt tun. Fangen wir an, regelmäßig für sie zu beten, in der Reihenfolge ihrer Wichtigkeit.

Ich denke, die meisten Astronauten würden sagen, es lohnt sich. Also – Startknopf drücken und los!

5 Goldgräber

Man kann viel über das Schwimmen lesen,
aber nur wer im Wasser ist, schwimmt wirklich.
   Orville Stanton

Heilige Entschlossenheit

Gott hat das Beten nicht als eine Zauberkunst geschaffen, deren Geheimnisse nur Eingeweihte kennen. Beten ist auch nicht als mystische Erfahrung für besonders Erleuchtete gedacht. Nein, Beten ist die ganz normale Sprache, die Gott und seine Leute miteinander sprechen. Es ist sozusagen die Muttersprache der Christen.

Wer in die tieferen Geheimnisse des Betens eingeweiht werden möchte, der braucht einfach nur zu beten. Es gibt keinen anderen Weg: Wir müssen aus der Hektik des Alltags aussteigen und uns Zeit nehmen zum Gebet. Nur so kann man Beten lernen.

In diesem Kapitel soll es darum gehen, wie wir das Beten in unseren Alltag einbinden können, regelmäßig, als Rhythmus, der unsere Tage durchzieht. Unsere Gebetszeiten sollen keine seltenen, herausragenden Ereignisse sein. Wir brauchen Zeiten mit Gott, die täglich stattfinden, unabhängig von allen Ablenkungen des Alltags. Jeder sollte seinen ganz persönlichen Rhythmus finden, der in sein Leben passt und den er gerne beibehält.

Regelmäßiges Beten fällt nicht wie ein Geschenk vom Himmel, das wir plötzlich und für immer besitzen. Wir müssen mit aller Entschlossenheit darum kämpfen. Damit fängt das Gebetsleben an, mit heiliger Entschlossenheit. Menschen, die beim Beten eine intensive Gemeinschaft mit Gott erleben, haben es sich zur Gewohnheit gemacht, Gott zu suchen. Beständig und immer wieder nehmen sie sich Zeit für ihn.

In die Tiefe gehen

Ich spreche gerne von „heiliger Monotonie", weil ich mein Beten oft genau so empfinde. Wie ein Minenarbeiter setze ich immer wieder meinen Helm auf und steige tief hinab in den Schacht des Gebetsbergs. Dann grabe ich und grabe. Oft habe ich kaum etwas gefunden, ehe ich wieder nach oben komme. Ich hatte weder besondere Gefühle noch tiefe Erkenntnisse. An anderen Tagen finde ich plötzlich ein Goldstück zwischen dem ganzen Geröll. Dann ist mir Gott zum Greifen nah und ich spüre seine Gegenwart mit allen Sinnen. Aber manchmal stoße ich auch auf eine Goldader, zu der ich tagelang zurückkehren kann, um immer neue Schätze zu bergen. In solchen Zeiten fließt Gottes Trost wie ein Strom, wenn ich mich ihm nahe. Beten fällt mir leicht, ich bin ganz erfüllt von Gott und genieße meine Zeit mit ihm. Das sind die Zeiten, in denen die Elefanten scharenweise kommen und Gott ein Gebet nach dem anderen erhört.

Doch nach einer gewissen Zeit ebbt das wieder ab. Ich gehe trotzdem zurück in den tiefen Schacht und grabe weiter. Wieder atme ich den Staub der trockenen, langweiligen Gebetszeiten ein. Aber ich stehe jeden Tag pünktlich am Schachteingang, Helm auf dem Kopf, Pickel in der Hand, und kehre in die Grube zurück, wo ich unermüdlich nach den Schätzen suche, die ich nur beim Beten finden kann. Wer im Bergbau arbeitet, muss graben. Wer wirksames Beten lernen will, muss beten.

Das Land beanspruchen

Wer den Reichtum des Gebets empfangen will, muss als Erstes eine bestimmte Zeit dafür festlegen, wie wenn er ein Stück Land als Eigentum für das Gebet abstecken würde. Dieses Zeit-Grundstück muss dem Alltag entrissen werden, der sonst von morgens bis abends jede Minute füllt. Nie würde unser Alltag freiwillig etwas Zeit zum Gebet abtreten. Um dieses Stück Land zu finden, müssen wir unseren gan-

> Wer den Schatz des Gebets heben will, muss als Erstes eine bestimmte Zeit dafür festlegen, wie wenn er ein Stück Land als Eigentum für das Gebet abstecken würde.

zen Zeit-Besitz betrachten. Welche täglich wiederkehrenden Aufgaben beanspruchen zu Recht ihre Zeit? Welche Zeiten der Entspannung sind notwendig? Und wo sind die Stunden, Tage, Wochen und Lebensabschnitte, die zur Gemeinschaft mit Gott reserviert werden können?

Jesus hat es nicht anders gemacht. Er ließ nicht zu, dass ihm die Zeit geraubt wurde, die er mit seinem Vater im Himmel verbringen wollte. Regelmäßig zog er sich von allen Menschen zurück, verließ die großen Versammlungen und suchte die kostbare Nähe seines Vaters. Dafür ließ er Scharen von Zuhörern stehen, um die ihn die geistlichen Leiter seiner Zeit sehr beneideten. Im Lukasevangelium sehen wir besonders deutlich, wie Jesus sich immer häufiger zurückzog, je mehr Menschen ihn umgaben. Hätte Jesus Manager gehabt, hätte er ihnen damit erhebliche Probleme bereitet. Wie kann man zu wichtigen Veranstaltungen einladen, wenn der Gastsprecher gelegentlich einfach nicht erscheint? Damit ruiniert man doch alles.

An der Stelle können wir viel von Jesus lernen. Das betrifft besonders alle „professionellen" Christen, die beruflich etwas Ähnliches machen wie er. Jesus versuchte immer, die Herzen zu erreichen. Die Zahl seiner Follower war ihm nicht so wichtig. Lukas schrieb: „Aber das Verbot Jesu änderte nichts daran, dass immer mehr Menschen von seinen Wundern sprachen. In Scharen drängten sie sich um ihn. Sie wollten ihn hören und von ihren Krankheiten geheilt werden. Jesus aber zog sich zurück, um in der Einsamkeit zu beten" (Lukas 5,15-16). Diese Zeit der Stille, die er mit seinem Vater verbrachte, gab ihm neue Kraft, um den Menschen danach wieder zu dienen.

In Bezug auf seine Zeit mit Gott war Jesus richtig geizig. An der Stelle war er nicht bereit, mit jemandem zu teilen. Mit seinem materiellen Besitz ging er ganz anders um. Der Gedanke, bestohlen zu werden, beunruhigte ihn kein bisschen. Sonst hätte er nicht ausgerechnet Judas, dem Dieb, sein Geld anvertraut. Geld war ihm nicht wichtig.

Da nahm Maria ein Fläschchen mit reinem, kostbarem Nardenöl, goss es über die Füße Jesu und trocknete sie mit ihrem Haar. Der Duft des Öls erfüllte das ganze Haus.

Aber einer von seinen Jüngern, Judas Iskariot, der ihn später verriet, meinte entrüstet:

„Das Öl hätte man besser für dreihundert Silberstücke verkauft und das Geld den Armen gegeben." In Wirklichkeit ging es ihm aber nicht um die Armen, sondern um das Geld. Er verwaltete die gemeinsame Kasse und hatte schon oft etwas für sich selbst daraus genommen.

Johannes 12,3-6

Jesu Einstellung passt so gar nicht zu unserem Lebensstil. Wenn jemand auch nur zehn Dollar aus unserem Portemonnaie stiehlt, lässt uns das keine Ruhe, bis die Sache geklärt ist. Gleichzeitig lassen wir es zu, dass belanglose, oft sogar schädliche Dinge uns die kostbare Zeit stehlen, die wir mit Gott hätten verbringen können. Auf Geld kann man auch mal verzichten oder es ersetzen. Aber verlorene Zeit mit dem Vater im Himmel ist unwiederbringlich vorbei.

Identität

Wenn wir von Angewohnheiten sprechen, verbinden wir das oft mit negativen Dingen. Zigarettenschachteln oder der ständig laufende Fernseher kommen uns da in den Sinn. Im Gegensatz dazu klingt „Sitten und Gebräuche" viel harmloser. Wir denken an bestimmte Regionen, Trachten und Tänze, Familientraditionen oder individuelle Gepflogenheiten. Allerdings haben die beiden Begriffe auch vieles gemeinsam. Es geht immer um Dinge oder Verhaltensweisen, die gleich bleiben und sich wiederholen. Damit prägen sie unsere Persönlichkeit.

Das Judentum, in dem Jesus lebte, war von Gebräuchen überfrachtet. Zahllose Traditionen bestimmten die hebräische Identität. Die jüdische Kultur war so stark, dass die Israeliten sich mit den Völkern, unter denen sie lebten, nicht vermischten. Obwohl sie schon im Jahr 70 n. Chr. aus ihrem Land vertrieben worden waren, konnten sie sich nach fast zweitausend Jahren wieder als Volk zusammenfinden und einen Staat gründen. Bei den Azteken, den Babyloniern oder anderen Völkern wäre das nicht möglich gewesen. Sie hatten ihre Traditionen nicht gepflegt und den Bezug zu ihrer Vergangenheit als Volk verloren. Nur wenige Nachkommen alter Zivilisationen wissen heute überhaupt noch, welche Wurzeln sie haben.

Die Juden hingegen erlebten mehr als einmal, wie ihr Land zerstört wurde und sie in fremde Zivilisationen verschleppt wurden. Aber wo immer sie lebten, sie wussten, dass sie Juden sind und Israel ihre Heimat ist. Nach jeder Phase der Zerstreuung sammelten sie sich wieder in ihrem Land und lebten als jüdisches Volk mit ihrer eigenen Identität weiter. Hätten sie nicht so viel Wert auf die Einhaltung ihrer Sitten und Gebräuche gelegt, dann würden sie als Volk schon lange nicht mehr existieren. So hängt unsere Identität von unseren Angewohnheiten ab. Das gilt auch in Bezug auf das Gebet. Wenn wir regelmäßig beten, entwickelt sich unsere wahre Identität.

Auch Jesus hatte einige feste Gewohnheiten, die sein Leben prägten. Das Gebet gehörte dazu. Man traf ihn zu bestimmten Zeiten an bestimmten Orten, wo er betete. Gebet war Teil seiner Identität und zeigte, wer er war und wozu er berufen war.

Als Judas ihn verraten wollte, wusste er genau, wohin Jesus nach dem Essen gehen würde. Offensichtlich war der Garten Gethsemane einer der Orte, an denen Jesus gerne betete. Jesu Gebetszeiten waren so zuverlässig, man konnte die Uhr danach stellen. Lukas schrieb: „Nach dem Festmahl verließ Jesus die Stadt und ging *wie gewohnt* zum Ölberg hinaus. Seine Jünger begleiteten ihn. Dort angekommen sagte er zu ihnen: ‚Betet darum, dass ihr der kommenden Versuchung widerstehen könnt!' Nicht weit von seinen Jüngern entfernt kniete Jesus nieder" (Lukas 22,39-41; Hervorhebung durch den Autor).

Während er seiner Gewohnheit treu war, fiel Jesus in die Hände derer, die seinen Tod wollten. Auch wenn das nur ein Gedankenspiel ist: Was wäre wohl geschehen, wenn Jesus an diesem Abend keine Lust gehabt hätte, Zeit mit seinem Vater im Gebet zu verbringen? Welche Folgen hätte es gehabt, wenn er nicht wie gewohnt in den Garten gegangen wäre? Was passiert, wenn ich mein Vorrecht, vor den Schöpfer des Universums zu treten, gegen ein bisschen Zeitvertreib eintausche? Ob es einen Unterschied macht, wenn ich jeden Abend fernsehe, ausgehe oder mich stundenlang in den sozialen Medien bewege, statt mir Zeit zum Beten zu nehmen?

Es ist gut, sich an dieser Stelle zu prüfen. Wissen die Menschen, die mit uns zusammen sind, wann und wo wir beten? Nein, wir müssen unser Gebetsleben nicht jedem auf die Nase binden. Aber wenn wir uns das Beten zu bestimmten Zeiten zur Gewohnheit gemacht haben, dann werden das die Menschen, die uns gut kennen, zwangsläufig bemerken. Oder beten wir immer nur nebenbei, ohne Regelmäßigkeit und Disziplin?

Heilige Orte

Meine Frau und ich haben einen bestimmten Straßenabschnitt an der kalifornischen Küste zu unserer besonderen Gebetsstrecke gemacht. Es ist ein etwa dreißig Kilometer langer Autobahnabschnitt, auf dem wir seit einigen Jahren regelmäßig fahren. Alles fing damit an, dass wir uns Jahreskarten fürs Disneyland gekauft hatten. Damals packten wir mehrmals pro Monat die ganze Familie ins Auto und machten die etwa einstündige Fahrt zum glücklichsten Ort der Welt.

An diesen Tagen freuten Karie und ich uns immer besonders auf den Abend. Nachdem die Kinder stundenlang gespielt und massenweise Süßigkeiten gegessen hatten, hielten wir immer an einem bestimmten Parkplatz an, dem Pinocchio-Parkplatz, wo sie ihre Schlafanzüge anzogen und sich die Zähne putzten. Kaum waren wir wieder auf der Autobahn, schliefen sie tief und fest und träumten von den bunten Eindrücken des Tages. Damit begann die kostbare Zeit, in der Karie und ich uns ungestört austauschen konnten.

Nachdem wir das ein paarmal so gemacht hatten, fiel mir auf, dass wir immer ungefähr auf demselben Streckenabschnitt miteinander beteten. Als ich Karie darauf hinwies, kam mir die Idee, dieses Stück Straße zu unserer Gebetsstrecke zu erklären. Karie war sofort damit einverstanden, Gott diesen Ort und diese Zeit zu weihen.

Um die Eltern meiner Frau zu besuchen, müssen wir auch auf dieser Straße fahren, was wir zweimal im Monat tun. So beten wir seit mindestens sieben Jahren jedes Mal auf diesem Streckenabschnitt. Früher war es eine besondere Gebetszeit für uns als Ehepaar, inzwischen beten auch die Kinder mit. Ganz nebenbei lernen sie, beim Beten gewisse Gewohnheiten zu entwickeln.

Genau das meine ich, wenn ich von „heiligen Orten" im Leben spreche, die wir fürs Gebet reservieren können. Für uns als Familie wäre es mittlerweile sehr seltsam, diese Strecke zu fahren, ohne zu beten. Da würde uns etwas fehlen! Für uns ist das die Piste, die wir mit unseren Gebeten gepflastert haben.

Es ist gut, die Augen offen zu halten, um solche Orte zu finden, die für uns zu gewohnheitsmäßigen Orten des Gebets werden können. Das kann der Lieblingsstuhl sein, von dem aus wir den Sonnenaufgang beobachten, oder ein Spaziergang in der Mittagspause. Vielleicht können wir uns angewöhnen, im Auto zu beten, während wir zur Arbeit fahren, und bestimmt gibt es noch weitere Orte und Zeiten pro Woche, die wir für das Gebet freihalten können.

Entscheidend ist: Wir brauchen diese

> Wir brauchen diese heiligen Orte, die der Alltag uns nicht rauben kann. In diesen Zeiten kommen wir in Gottes Nähe, richten uns neu auf Gott aus und machen uns wieder bewusst, wie er uns und unser Leben sieht.

heiligen Orte, die der Alltag uns nicht rauben kann. In diesen Zeiten kommen wir in Gottes Nähe, richten uns neu auf Gott aus und machen uns wieder bewusst, wie er uns und unser Leben sieht. Jesus nahm sich diese Zeiten regelmäßig. Auch Gottes Leute brauchen feste Gewohnheiten des Gebets. Eines ist sicher: Jesus wird immer da sein, wenn wir beten. Er kommt immer pünktlich an den Ort, den wir bestimmen.

Ein Jahr mit ...

Stellen wir uns vor, wir hätten ab sofort ein Jahr lang täglich ein Gespräch mit einer wichtigen historischen oder biblischen Person, die wir uns selbst heraussuchen dürften. Wen würden wir da nehmen? Es gab schon viele kluge Menschen, die ich mir gerne zum Vorbild nehme. Ein Jahr mit Abraham Lincoln wäre für mich als Amerikaner zum Beispiel ein verlockendes Angebot. Wie gerne würde ich von ihm lernen, wie man als Führungsperson ein integres Leben führt. Zwölf Monate mit dem Apostel Paulus würden mein Bibelverständnis wahrscheinlich mehr erhellen als jedes Theologiestudium. Aber wenn ich ein Jahr lang mit König David zusammen Anbetungslieder schreiben könnte, das wäre auch fantastisch. Oder sollte ich vielleicht lieber Mutter Teresa bei ihrer Arbeit in den Slums begleiten und dabei sein, wenn sie die Kranken versorgt und den Sterbenden beisteht? Aber ein Jahr mit meinem Vater wäre auch sehr wertvoll. Er starb, bevor ich ihn wirklich kennenlernen konnte.

Tatsächlich ist es aber so, dass unser regelmäßiges Zusammensein mit Gott genau das bedeutet. Wenn wir die Bibel lesen und beten, treffen wir den Gott, der alle positiven Dinge aller Menschen, die jemals über diesen Planeten gegangen sind, in sich vereint.

Kam nicht alle Weisheit und alle Begabung, die Abraham Lincoln auszeichnete, direkt von Gott? Auch das Herz Davids mit all seiner Fähigkeit, Gott anzubeten, war ein Teil von Gottes Herz, genau wie die Barmherzigkeit von Mutter Teresa. Kann Gott nicht auch all das nachholen, was mein Vater an mir versäumt hat, als er manchmal lieber zur Flasche griff, statt sich um sein Kind zu kümmern?

Natürlich. Aber es liegt nicht an Gott. Er möchte all dieses Wissen, all das Gute, das uns an anderen Menschen fasziniert, auch in uns hineinlegen. Es hängt von uns ab, ob wir fest entschlossen sind, täglich vor ihm zu erscheinen und Zeit mit ihm zu verbringen. Wer betet, wird von Gott persönlich zum Jünger ausgebildet.

In der modernen Bibelübersetzung von Eugene Peterson, „The Message Bible", wird dieses Spannungsfeld besonders deutlich. „Wenn sie sich doch Zeit genommen hätten, sich zu mir zu setzen, dann hätten sie dem Volk meine Worte sagen können. Sie hätten das Volk auf den richtigen Weg zurückbringen können. Bin ich nicht ein Gott, der nahe ist? Ich bin kein Gott, der unerreichbar ist. Wer kann sich vor mir verstecken? Ich sehe in jeden Winkel. Ich bin überall, ob man mich sieht oder nicht" (Jeremia 23,21-24; frei ins Deutsche übertragen).

Ist das nicht wie ein Lottogewinn für die Seele? Wenn wir uns Zeit nehmen, ist Gott da, zuverlässig. Wir werden erfahren, was Gott über unser Leben denkt. Außerdem hat Gott versprochen, dass er unseren Weg ebnen wird. Er selbst wird darauf achten, dass wir über keine Wurzel stolpern und in kein Loch treten. „Vertrau dich dem Herrn an und sorge dich nicht um deine Zukunft! Überlass sie Gott, er wird es richtig machen" (Psalm 37,5).

Im Gebet bitten wir Gott, sich um unsere Wege zu kümmern. Luther übersetzt das Psalmwort mit: „Befiehl dem HERRN deine Wege und hoffe auf ihn, er wird's wohlmachen." Wenn wir Gott im Gebet unsere Pläne anbefehlen, dann wird er uns zeigen, wo der Weg entlangführt, den er für uns vorbereitet hat. Er leitet uns auf geraden und ebenen Wegen, die klar zu erkennen und sicher zu gehen sind. Wenn wir regelmäßig in dieser Weise beten und dazu Gottes Wort lesen, werden wir den direkten Weg in die Zukunft einschlagen, für die Gott uns geschaffen hat.

Aus erster Hand

Wenn Gott unser wichtigster Ratgeber ist, dann wissen wir auch, wo es für uns im Leben langgeht. Das habe ich neulich auf einer Pastorenkonferenz deutlich gespürt. Früher ging es mir nach solchen Konferenzen oft nicht gut. Ich kam zurück mit dem Gefühl, alles falsch zu machen und alles ändern zu müssen. Doch diese Konferenz war anders. Hier ging es vor allem um Gottes Gnade und um den persönlichen Entschluss, regelmäßig Zeit mit Gott im Gebet und beim Bibellesen zu verbringen.

Die Konferenz war sehr ermutigend und interessant. Vieles, was gesagt wurde, passte genau zu dem, was ich in letzter Zeit selbst von Gott gehört hatte. Früher hatte ich auf solchen Konferenzen oft einen Seelsorger oder Mentor gebeten, Gottes Willen für mich herauszufinden. Jetzt konnte ich selbst wahrnehmen, was Gott von mir wollte. Im zurückliegenden Jahr war ich Gott beim Beten und Bibellesen so oft begegnet, dass ich jetzt niemanden fragen musste, wohin meine Reise gehen sollte.

Eigentlich ist es doch klar. Jesus starb nicht am Kreuz, um uns nur durch andere Menschen, Bücher oder Filme mitzuteilen, was er von uns will. Er kam und nahm das Leiden in Kauf, weil er in eine vertraute, persönliche Beziehung mit uns treten will. Die Verbindung, die durch den Sündenfall gestört war, hat er wiederhergestellt. Jetzt kann und will er wieder direkt mit uns kommunizieren. Die Bibel sagt das ganz klar: „Darum lasst uns hinzutreten mit Zuversicht zu dem Thron der Gnade, damit wir Barmherzigkeit empfangen und Gnade finden zu der Zeit, wenn wir Hilfe nötig haben" (Hebräer 4,16; L).

Dieser Vers ist wunderschön. Der Thron, auf dem Gott sitzt, ist ein Thron der Gnade. Dort bekommen wir alles, was wir brauchen. Wenn das Leben hart und unbarmherzig geworden ist – hier am Thron Gottes kann sich das wieder ändern. Hier bekommen wir Barmherzigkeit und Hoffnung.

All das Insiderwissen, das ich hier aufschreibe, kann jeder persönlich von Gott bekommen. Es gibt dafür nur diese eine Bedingung: Wir müssen mit dem Vater im Himmel reden, regelmäßig und offen, mit der aufgeschlagenen Bibel in der Hand. Dann wird er unser Leben in die richtigen Bahnen lenken.

Reden und Hören

Neulich hörte ich, wie jemand dafür den Ausdruck „intimer Austausch mit Gott" verwendete. Damit beschrieb er genau das, was ich anstrebe, wenn ich bete. Mein Gespräch mit Gott soll klar formuliert sein, es darf auch leidenschaftlich und intensiv sein. Zu einem tiefen Austausch gehören die körperliche Berührung und die Körpersprache, auch der Tonfall spielt eine Rolle. Doch selbst wenn diese Elemente alle vorhanden sind, ist es immer noch nicht selbstverständlich, dass unser Gespräch auch wirklich ein intimer Austausch ist.

Das Gespräch ist die höchste Form der Kommunikation. Heute gibt es viele Wege, um zu kommunizieren. Zu biblischen Zeiten war das anders. Das gesprochene Wort hatte damals große Bedeutung. Es wurde genau darauf geachtet, welche Worte man sagte und aus welcher Herzenshaltung sie kamen. In der Bibel geht es an vielen Stellen um das, was wir sagen: „Herr, lass dir meine Worte und meine Gedanken gefallen! Bei dir bin ich geborgen, du bist mein Retter" (Psalm 19,15). Oder an einer anderen Stelle: „Worte haben Macht: Sie können über Leben und Tod entscheiden. Darum ist jeder für die Folgen seiner Worte verantwortlich" (Sprüche 18,21). Unsere Worte haben Macht!

Wenn ich als Pastor und Redner auftrete, sind meine Worte die Werkzeuge, mit denen ich dem Reich Gottes diene. Dabei ist mir im Laufe der Zeit aufgefallen, dass es da einen großen Unterschied gibt. Man kann ein guter Redner sein, muss deshalb aber nicht auch gute Gespräche führen können. Wenn ich auf der Bühne vor dem Publikum stehe, dann kann ich meine Gedanken so präsentieren, dass die Zuhörer sie verstehen und anwenden können. Aber im Alltag, wenn ich mit den Menschen direkt kommunizieren muss, ist das oft etwas ganz anderes. Da kommt es nicht darauf an, einen guten Vortrag zu halten, sondern einen Dialog zu führen. Reden und Hören sollten dabei ausgewogen sein.

Wenn ich meiner Frau gegenüber in diesem Zusammenhang aus dem Gleichgewicht komme und Reden halte, statt mich zu unterhalten, dann leidet unsere Beziehung. Sie will sich nicht wie mein Publikum fühlen. Ihr wichtigstes Gesprächsthema sind auch nicht meine Projekte und meine Hobbys. Natürlich interessiert sie sich für alles, was mit mir zu tun hat. Aber wenn unser Austausch einseitig wird, dann fühlt sie sich als Randfigur. Statt einer verliebten Unterhaltung steht dann meine Selbstverliebtheit im Raum. Es ist nicht leicht, jemanden zu lieben, der sich selbst am meisten liebt.

Die richtigen Worte

Gebet geht tiefer als alles, was man in Worte fassen kann. Es gibt eine Form der Gemeinschaft mit Gott im Gebet, die keine Worte braucht. Trotzdem hat Gott uns auch bewusst eine Sprache gegeben. Es ist nicht egal, welche Worte wir beim Beten verwenden. Unsere Worte bringen Gott gegenüber nicht nur zum Ausdruck, was uns bewegt. Im Reden können wir auch unsere Gedanken und Gefühle sortieren. Jesus sagte: „Wenn ein guter Mensch spricht, zeigt sich, was an Gutem in seinem Herzen ist. Ein Mensch mit einem bösen Herzen ist innerlich voller Gift, und alle merken es, wenn er redet. Denn wovon das Herz erfüllt ist, das spricht der Mund aus" (Lukas 6,45).

> Es ist nicht egal, welche Worte wir beim Beten verwenden.

Natürlich weiß Gott schon vorher, was wir sagen werden. Aber uns selbst hilft es, auf die Worte zu achten, die wir Gott gegenüber aussprechen. Sie verraten, wie es in unserem Inneren aussieht. Gott schenkte uns die Sprache, weil er Worte liebt. Das geht so weit, dass

Jesus in der Bibel auch als „das Wort" bezeichnet wird. „Am Anfang war das Wort. Das Wort war bei Gott, und das Wort war Gott selbst" (Johannes 1,1).

Die Worte, die wir beim Beten gebrauchen, haben einen Einfluss auf unser Gebetsleben. Eine präzise Wortwahl trägt dazu bei, dass unser Beten strategisch und spezifisch ist. Gebetete Worte sind wie Bausteine, die wir unter Gottes Leitung einsetzen, um unser Leben nach seinem Plan aufzubauen. Mit Gott zusammen können wir das Leben, das Gott sich für uns vorgestellt hat, in Existenz sprechen. Mit betenden Worten zeichnen wir das Bild der Dinge, die wir in unserem Leben sehen wollen.

> Die Worte, die wir beim Beten gebrauchen, haben einen Einfluss auf unser Gebetsleben. Eine präzise Wortwahl trägt dazu bei, dass unser Beten strategisch und spezifisch ist.

Kreative Bausteine

Um die Bedeutung zu verstehen, die Worte allgemein in unserem Leben und besonders auch im Leben mit Gott haben, brauchen wir uns nur die Schöpfungsgeschichte anzusehen. Als Gott sich selbst in seiner Schöpfung verwirklichte, tat er das mit Worten. Mit spezifischen und strategischen Worten sprach Gott das Universum in Existenz.

Am Anfang schuf Gott Himmel und Erde.
Noch war die Erde leer und ohne Leben, von Wassermassen bedeckt. Finsternis herrschte, aber über dem Wasser schwebte der Geist Gottes.
Da sprach Gott: „Licht soll entstehen!", und es wurde hell.
Gott sah, dass es gut war. Er trennte das Licht von der Dunkelheit und nannte das Licht „Tag" und die Dunkelheit „Nacht". Es wurde Abend und wieder Morgen: Der erste Tag war vergangen.
1. Mose 1,1-5

Jedes Mal, wenn Gott sprach, passierte etwas. Das kann auch bei unseren Gebeten so sein. Auch Daniel kannte das: „Noch während ich betete, eilte der Engel Gabriel herbei, den ich schon früher in meiner Vision gesehen hatte. Es war gerade die Zeit des Abendopfers. ‚Daniel', sagte er zu mir, ‚ich bin gekommen, um deine Fragen zu beantworten. Schon als du anfingst zu beten, sandte Gott mich zu dir, denn er liebt dich. Achte nun auf das, was ich dir offenbaren will'" (Daniel 9,23).

Alles, was wir beten, wird vom Heiligen Geist gefiltert und übersetzt, ehe es vor Gottes Thron kommt. Trotzdem hilft es, wenn wir beim Beten auf unsere Worte achten. Wie auch bei vielen anderen theologischen Fragen gibt es hier eine gewisse Spannung, die wir aushalten müssen, ohne in das eine oder andere Extrem zu fallen.

Im ersten Kapitel der Bibel finden wir immer wieder den Satz: „Gott sprach." Fast ein Dutzend Mal sagt Gott etwas, das daraufhin entsteht. Gott spricht strategische, spezifische Worte aus und die Schöpfung entsteht aus dem Nichts.

Ich finde das so interessant! Musste Gott etwas sagen, damit etwas entstehen konnte? Nein. Gott hätte auch mit einem leichten Kopfnicken oder einer Handbewegung alles schaffen können. Außerdem – an wen oder was richteten sich seine Worte? Er sprach in den leeren Raum und seine Worte ließen Leben hervorkommen. Bei der Erschaffung der Welt wollte Gott Worte verwenden. Er hätte es auch ohne Worte tun können, aber er wollte uns auf die schöpferische Kraft der Worte hinweisen. Auch die Worte, die wir beten, sind bedeutungsvoll und stark, wenn Gott sie gebraucht. Gebetete Worte sind die Steine, aus denen das Reich Gottes besteht.

Gottes Wort

Vielleicht ist die Bibel selbst der beste Beweis dafür, dass es beim Beten auf unsere Worte ankommt. Jesus hat ständig Sätze aus dem Alten Testament zitiert. Er tat das in den Diskussionen mit den Pharisäern und mit dem Teufel. Auch im Gespräch mit seinen Jüngern bezog er sich oft auf Bibelstellen und zeigte ihnen, warum er ans Kreuz würde gehen müssen. Seine Gebete waren durchsetzt von den vielen Bibelstellen, die er kannte und verwendete. Jesus wusste, dass diese Worte Kraft haben.

Das gilt auch für uns. Es gibt kaum eine stärkere Form des Gebets, als Sätze aus der Bibel zu verwenden. Wenn wir unser eigenes Gebetsbuch anlegen, können wir dort nicht nur unsere selbst formulierten Anliegen aufschreiben, sondern diese auch mit Bibelstellen ergänzen. Ausgehend von den vielen Versprechen, die Gott uns in der Bibel gemacht hat, können wir unsere persönlichen Gebete notieren und sammeln, wie David seine Psalmen schrieb. Wer weiß, vielleicht wird unser Buch irgendwann zu einem kostbaren geistlichen Erbe, das von einer Generation an die nächste weitergereicht werden wird.

Wer ein solches Buch führt, sollte auf jeden Fall möglichst viele Bibelstellen einfügen. König David war darin besonders gut. Er konnte hervorragend mit Worten umgehen und verstand Gott auf ungewöhnlich tiefe Weise. Wenn wir seine Psalmen lesen, sehen wir, wie er seine Lebenssituation immer wieder mit Gottes Wort in Übereinstimmung brachte. Wenn wir das von David lernen, wird unser Beten klar und nach der Bibel ausgerichtet. Unsere gebeteten Worte werden dazu beitragen, dass Gott sein Reich auf Erden bauen kann, und sie werden immer etwas bewirken: „Genauso ist mein Wort: Es bleibt nicht ohne Wirkung, sondern erreicht, was ich will, und es führt das aus, was ich ihm aufgetragen habe" (Jesaja 55,11).

Satz für Satz

Wie soll das nun gehen? Es ist wie immer beim Beten: Schwierig ist es nicht, aber wir brauchen eine gewisse Entschlossenheit, sonst verläuft alles wieder im Sand. Um für Elefanten zu beten, ist es wirklich wichtig, ganz bestimmte Sätze zu finden. Solche Sätze haben schon hin und wieder mein Leben verändert.

Vor einem Jahr hat sich der Bruder meiner Frau umgebracht. Eine große Traurigkeit legte sich über unsere Familie. Man kann sich sicher vorstellen, wie viele verschiedene Gefühle da bei den Angehörigen aufbrachen. Trauer ist wie ein Wollknäuel. Man kann es nicht einfach durchschneiden, sondern man muss den Faden mühsam entwirren und abwickeln. Nach Devins Tod machte ich mich sofort auf die Suche nach guten, biblischen Sätzen. Wir brauchten sie dringend, um als Familie durch diese Zeit hindurchzukommen. Zwei der Sätze, die ich von da an betete, sind diese:

Sara rief: „Gott lässt mich wieder lachen! Jeder, der das erfährt, wird mit mir lachen!"
1. Mose 21,6

Sie ist eine würdevolle und angesehene Frau, zuversichtlich blickt sie in die Zukunft.
Sprüche 31,25

Diese Sätze habe ich regelmäßig für meine Frau gebetet und die Gebete auch in mein Notizbuch geschrieben:
Gott, bitte lass Karie wieder lachen. *Bitte heile sie von diesem Schmerz und schenke ihr wieder Freude, wenn wir als Familie zusammen sind. Hilf, dass wir wieder alle* zusammen lachen *können.*
Jesus, bitte heile Karie von allem Schmerz aus der Vergangenheit, während sie um ihren Bruder trauert. Bitte schenke es, dass sie wieder zuversichtlich in die Zukunft blicken *kann.*
So habe ich die Sätze, die ich in der Bibel gefunden habe, in meine eigenen Gebete eingebaut. Diese beiden Gebete haben mehr Heilung in unsere Familie gebracht, als ich in Worte fassen kann. Obwohl Karie ihr Leben lang mit Depressionen zu kämpfen hatte, konnte sie um ihren Bruder trauern, ohne depressiv zu werden. Immer dienstagabends haben wir unseren Familienabend. An einigen dieser Abende hat Karie so lachen müssen, dass ihr fast die Tränen kamen, mitten in der Zeit der Trauer.

Die Worte aus der Bibel sind sehr wirksam, wenn wir sie in unsere Gebete einbauen. Sie können tatsächlich unser Leben verändern. Wie hätte sich unser Familienleben entwickelt, wenn ich nicht diese Bibelverse für Karie gebetet hätte? Ich weiß es nicht. Auf jeden Fall habe ich diese Sätze gebetet und Gott hat uns geholfen. Das können wir in jeder Lebenslage tun.

Wie ein Anker

Es gibt Bibelstellen, die unser ganzes Leben beeinflussen. Solche Verse sollen auf jeden Fall auch Teil unserer Gebete sein. Sie sind wie Ruder, die wir tief in das Wasser unseres Lebens stecken, damit sie unser Schiff in die Richtung lenken, die Gott für uns geplant hat.

Seit mir das klar geworden ist, hat sich mein Beten grundlegend verändert. Inzwischen nehme ich mir genauso viel Zeit, um die richtigen Bibelstellen zu finden, wie ich brauche, um sie zu beten.

Bevor ich anfing, Bibelworte zu beten, habe ich beim Beten einfach alles gesagt, was mir in den Sinn kam. Ich denke immer noch, dass man so beten kann. Dabei kann einen der Heilige Geist von Thema zu Thema führen. Aber inzwischen bete ich meistens anders. Ich bete am Wort Gottes entlang, das ich wie einen Anker in meine Gedanken werfe.

Ich schätze diese klar formulierten, präzisen Sätze, Bitten und Anliegen, die ich mit Gottes Hilfe inzwischen beten kann. Meine Pfeile fliegen nicht mehr ziellos durch die Luft. In den Zeiten, die ich mit Gott verbringe, gibt er mir klare Vorstellungen von seinen Zukunftsplänen, und ich lerne, diese Dinge in Worte zu fassen und mit Zitaten aus der Bibel zu stützen. Dadurch werden meine Gebetszeiten spannend und zielgerichtet, konkret und lohnend.

Wie es der Teufel gern hätte

In C. S. Lewis' Buch „Dienstanweisung für einen Unterteufel" gibt ein erfahrener Teufel Tipps weiter, wie man gegen Christen vorgehen kann. Um Gebete wirkungslos zu machen, rät er: „… kann man ihn vielleicht dazu bringen, etwas völlig Spontanes, Innerliches, Form- und Regelloses anzustreben"[10]. Manchem mag es seltsam erscheinen, so strukturiert zu beten, wie ich es oben beschrieben habe, die Anliegen mit Bibelversen zu verbinden und aufzuschreiben. Aber Lewis beschreibt, wie der Teufel versucht, Christen genau davon abzuhalten. Er soll den Christen, auf den er aufpassen muss, dazu bringen, unregelmäßig, spontan und ziellos zu beten.

Damit zeigt Lewis, dass es wichtig ist, gezielt zu beten. Natürlich dürfen wir uns beim Beten auch manchmal treiben lassen und sehen, wohin der Heilige Geist uns führt. Aber solche Gebete sollten nur einen Teil unseres Gebetslebens ausmachen.

Im natürlichen Leben ist es auch nicht anders. Wer einen Garten bebaut, überlässt dort nichts dem Zufall, sondern investiert regelmäßig Zeit und Arbeit. Um ein Haus zu bauen, braucht man einen detaillierten Plan. Wenn wir in einer fremden Gegend unterwegs sind, brauchen wir ein Navi oder eine Landkarte. Auch beim Beten ist es gut, überlegt und zielgerichtet vorzugehen.

Kein Geheimrezept

Nun habe ich versucht, in diesem Kapitel ein paar Erfahrungen weiterzugeben, die mir beim Beten geholfen haben. Aber tatsächlich ist es trotzdem so, dass es kein Geheimrezept gibt. Wer beten lernen will, muss einfach beten. Ich denke schon, dass die Tipps hilfreich sind und dazu beitragen, dass unser Beten etwas bewirkt. Aber es ist gar nicht so entscheidend, wie der Einzelne betet. Jeder muss da seinen eigenen Weg finden. Wichtig ist, dass wir beten. Dann öffnet sich uns eine unendliche Welt des göttlichen Segens. Wir werden viele übernatürliche Antworten finden, während wir in die Gemeinschaft mit Gott eintauchen.

Teil drei
Elefanten verstehen

Hallo Adam,

wie du weißt, habe ich letztes Jahr meine Arbeit verloren. Im Oktober musste ich mich arbeitslos melden. Drei Monate später bekam ich immer noch kein Arbeitslosengeld. Ich lebte von Ersparnissen und wusste nicht, wie lange ich das noch schaffen würde.

Vor ein paar Wochen hörte ich deine Predigt über „Durchbrüche". Daraufhin habe ich meinen Freundinnen eine Mail geschickt und sie gebeten, für einen Durchbruch in meiner finanziellen Situation zu beten. Ich schrieb ihnen, dass ich mir von Gott wünschte, Ende Januar das Geld zu bekommen, das mir zustand.

Eine Woche später bekam ich den Rat, mich diesbezüglich an unseren Abgeordneten zu wenden. Gleich am nächsten Morgen telefonierte ich mit dem Büro des lokalen Politikers. Noch am selben Tag – es war Samstag, der 27. Januar – rief mich die Mitarbeiterin des Abgeordneten zurück. Zuerst stellte sie ein paar Fragen, dann kümmerte sie sich um meine Papiere (oder was auch immer sonst noch nötig war – letztlich habe ich nie erfahren, was der Grund für die Verzögerung war) und versprach mir, dass in der kommenden Woche alles geklärt werden würde. Ich hatte dafür gebetet, dass Gott bis Ende Januar eingreifen würde, weil ich nicht mehr wusste, wie ich im Februar die Miete bezahlen sollte. Am Samstag, den 1. Februar, kam ein dicker Brief mit der Post. Alle meine Unterlagen waren komplett und ich erhielt nicht nur das Geld für Februar, sondern auch für die zurückliegenden vier Monate.

Für mich war das die direkte Antwort auf unsere Gebete. Ich hatte mir die ganze Zeit über keine ernsthaften Sorgen gemacht, sondern immer gewusst, dass Gott für mich sorgen würde. Dann hat Gott die Gebete dieser Frauen benutzt, um einen Berg zu versetzen.

Vielen Dank für die Erinnerung daran, dass wir mehr bitten und füreinander beten sollen. Wenn wir nicht gebetet hätten, würde ich vielleicht immer noch auf dieses Geld warten. Vielen Dank, dass du uns den Weg gezeigt hast!

Jennifer

6 Ich will alles, und zwar sofort

"Papa, ich will einen Umpa-Lumpa! Ich will jetzt sofort einen Umpa-Lumpa!"
Veruschka Salz

Mein Gott kann!

Wer kann sich noch an Veruschka Salz erinnern? In dem berühmten Kinderbuch von Roald Dahl, „Charlie und die Schokoladenfabrik", ist Veruschka die verwöhnte Tochter eines reichen Industriebesitzers. Mit ihren Wutanfällen bringt sie ihren Vater dazu, ihr alles zu kaufen, was sie haben will. Es ist ihr egal, wie ihr Vater das schaffen soll, aber sie will die ganze Welt, und zwar sofort.

Als sie die Schokoladenfabrik besuchen darf, will sie eines der Eichhörnchen haben. Da der Fabrikbesitzer Willy Wonka damit nicht einverstanden ist, versucht sie, selbst eines zu fangen. Sie wird jedoch von den Eichhörnchen überwältigt, als hohle Nuss identifiziert und in den Müllauswurf befördert.

Wir sehen: Es kann durchaus auch negativ sein, wenn wir alles bekommen, was wir uns wünschen.

Das gilt auch fürs Beten. Oft liegen wir Gott mit unseren persönlichen Wünschen in den Ohren. Beim Beten geht es aber nicht nur um uns. Natürlich, es gibt viele Bibelstellen, die uns ermutigen, Gott zu sagen, was wir uns wünschen. Er betont immer wieder, dass es ihm Freude macht, uns zu beschenken. „Er gebe dir, was du von Herzen wünschst, was du dir vorgenommen hast, lasse er gelingen!" (Psalm 20,5). „Freue dich über den

> Es kann durchaus auch negativ sein, wenn wir alles bekommen, was wir uns wünschen.

Herrn; er wird dir alles geben, was du dir von Herzen wünschst" (Psalm 37,4). Doch auch hier müssen wir einen guten Mittelweg finden. Gott freut sich, wenn wir ihm unsere Wünsche bringen, aber wir dürfen uns dabei nicht zu sehr um uns selbst drehen.

Immer wieder stoßen wir in der Bibel auf Themen, die man nicht einseitig betrachten darf. Auf der einen Seite gibt es die extreme Lehre, dass wir alles, was wir wollen, im Namen Jesu erbitten und im Glauben beanspruchen dürfen. Auf der anderen Seite kann unser Beten aber auch trocken und leblos werden, wenn wir gar nicht wagen, uns mit kindlicher Freude etwas von unserem Vater im Himmel zu wünschen. Zu einem ausgeglichenen Gebetsleben dürfen auch große und unnötige Wünsche gehören.

Der Fehler liegt im Detail. Oft wird gelehrt, dass wir nur gewisse Bedingungen erfüllen müssen, und schon wird Gott uns mit Segen überschütten. Man tut so, als käme es auf eine bestimmte Formulierung oder eine gewisse Handlung an, mit der man Gott in Bewegung setzen kann.

Christliche Strömungen, deren Lehre in diese Richtung geht, konzentrieren sich zum Teil mehr auf die erhoffte Heilung und die Erfüllung anderer Gebetsanliegen als auf das Kreuz. Sie betonen, dass Gott nichts lieber tun würde, als zu heilen und zu segnen. Aber er könne es nur tun, wenn wir gewisse Bedingungen erfüllen. Das kann ein finanzielles Opfer oder ein besonderer Glaubensschritt sein. Haben wir unseren Teil getan, dann wird Gott zwangsläufig die Schleusen des Himmels öffnen und der Segen wird sich über uns ergießen. Ich muss ehrlich sagen: Würde man diese Lehre auf die Spitze treiben, dann hätte das eher etwas mit Hexerei als mit Christentum zu tun. Gebete sind keine Zauberformeln. Im Okkultismus geht es um Macht und Kontrolle. Gebet ist ganz anders, es kommt aus einer Haltung der vertrauensvollen Hingabe.

Natürlich, Gott lügt nicht. Er hält, was er in der Bibel versprochen hat. Aber wir dürfen uns nicht anmaßen, Gottes Handeln berechnen zu können. Vielleicht wird er unsere Wünsche ganz anders erfüllen, als wir es ihm im Gebet vorgeschlagen haben. Außerdem ist das Versprechen Jesu, uns alles zu geben, worum wir ihn bitten, in einen Textzusammenhang eingebettet. Davor und danach sprach Jesus über die Beziehung zu Gott, die richtige Motivation und den Willen Gottes.

Ein kühnes Gebet im Namen Jesu löst keinen Automatismus aus. Was Gott tut, beruht auf Gnade und entspricht seinem Willen. Wir haben keine Macht über ihn. Es gibt eine Bibelstelle, die in diesem Zusammenhang oft herhalten muss. Da heißt es: „Gott ist kein Mensch, der lügt. Er ist nicht wie einer von uns, der seine Versprechen bald wieder bereut. Was er sagt, das tut er, und was er ankündigt, das führt er aus" (4. Mose 23,19). Aber das ist nicht die einzige Aussage, die uns Gottes Wesen beschreibt. Wir müssen auch die anderen Wahrheiten über ihn dazu nehmen, um ein vollständiges Bild von Gott zu bekommen.

Wir sollen so sein wie Jesus. Er teilte gerne mit anderen, heilte die Kranken und bat seinen Vater im Himmel um alles, was er brauchte. Das soll auch unser Lebensstil sein. Unsere erste Motivation darf dabei aber nicht die Erhörung unserer Gebete sein. Wir leben so, weil Jesus das von uns erwartet, nicht weil wir damit etwas bezwecken. „Wenn ihr aber fest mit mir verbunden bleibt und euch meine Worte zu Herzen nehmt, dürft ihr von Gott erbitten, was ihr wollt; ihr werdet es erhalten ... Nicht ihr habt mich erwählt, sondern ich euch, damit ihr euch auf den Weg macht und Frucht bringt, die bleibt. Dann wird euch der Vater alles geben, worum ihr ihn in meinem Namen bittet" (Johannes 15,7+16).

Wenn wir etwas spenden oder mit anderen teilen, dann erwarten wir nicht gleichzeitig, dass Gott uns im Gegenzug dafür etwas anderes gibt. Wir sind doch keine Bank, die gerne einen Kredit gibt, aber später alles mit Zinsen zurückfordert. Jesus hat sein Leben gegeben, ohne in dieser Welt dafür belohnt zu werden. Und auch in der ewigen Welt bekam er dafür nur das zurück, was er vorher auch schon hatte.

Obwohl er in göttlicher Gestalt war, hielt er nicht selbstsüchtig daran fest, Gott gleich zu sein. Nein, er verzichtete darauf und wurde einem Sklaven gleich: Er nahm menschliche Gestalt an und wurde wie jeder andere Mensch geboren. Er erniedrigte sich selbst und war Gott gehorsam bis zum Tod, ja, bis zum schändlichen Tod am Kreuz. Darum hat ihn Gott erhöht und ihm den Namen gegeben, der über allen Namen steht. Vor Jesus werden einmal alle auf die Knie fallen: alle im Himmel, auf der Erde und im Totenreich. Und jeder ohne Ausnahme soll zur Ehre Gottes, des Vaters, bekennen: Jesus Christus ist der Herr!
Philipper 2,6-11

Auch hier bewegen wir uns wieder in einem Zwiespalt. Einerseits soll unser Glaube an Gottes Verheißungen unerschütterlich sein. Andererseits wissen wir nicht, was Gott tun wird, und können nur vage hoffen, dass er unsere Wünsche erfüllt.

Neulich bekam ich eine E-Mail von einem Mann, dessen Ehe gerade geschieden wurde. Er war betend und voller Vertrauen in die Gerichtsverhandlung gegangen und hatte erwartet, dass Gott alles zu seinen Gunsten lenken würde. Doch es kam anders. Enttäuscht und wütend verließ er den Gerichtssaal. Trotz aller biblischen Verheißungen hatte Gott ihn nicht so beschützt und bewahrt, wie er es sich erwartet hatte. Solche Situationen sind immer schwer und ich kann mich gut in den Mann hineinversetzen. Aber seine Erwartung war von vornherein falsch. Er dachte, nur weil er für etwas Bestimmtes gebetet hatte, würde Gott jetzt die ganze Verhandlung entsprechend verlaufen lassen. Gott beantwortet unsere Gebete unterschiedlich. Nicht immer ist das, was wir uns wünschen, in seinen Augen das Beste. Das ist nicht schön, aber es ist wahr.

Es gibt Gemeinden, in denen darüber nicht gerne gesprochen wird. Vielleicht fürchten manche Pastoren, dass sie die Botschaft vom Kreuz nicht gut verkaufen können, wenn sie nicht auch ein paar verlockende Versprechungen dazugeben. Glauben heißt zu vertrauen: „Gott kann" und nicht zu sagen: „Gott wird". Das müssen wir verinnerlichen, sonst können wir mit unserem Glauben leicht in einer Sackgasse landen. Der Teufel lauert ständig auf Christen, die von Gott enttäuscht sind, weil er nicht das tat, was sie im Glauben erwartet haben. Schon zu viele Christen haben sich enttäuscht von Gott abgewandt, weil ihre Gebete nicht erhört wurden.

Nicht aus Versehen

Trotzdem gibt es immer noch diese Aufforderung Jesu, die er gleich zweimal wiederholt: Wir sollen ihn bitten, um was wir wollen.

Wenn ihr aber fest mit mir verbunden bleibt und euch meine Worte zu Herzen nehmt, dürft ihr von Gott erbitten, was ihr wollt; ihr werdet es erhalten. Wenn ihr viel Frucht bringt und euch so als meine Jünger erweist, wird die Herrlichkeit meines Vaters sichtbar …

Nicht ihr habt mich erwählt, sondern ich euch, damit ihr euch auf den Weg macht und Frucht bringt, die bleibt. Dann wird euch der Vater alles geben, worum ihr ihn in meinem Namen bittet. Ich sage euch noch einmal: Liebt einander!
Johannes 15,7-8+16-17

Es ist Jesus sicher nicht aus Versehen passiert, dass er dieselbe Aussage zweimal gemacht hat. Vielleicht wollte er sichergehen, dass wir das nicht überlesen: Es geht um die Beziehung zwischen Gott und uns, nicht um die Erhörung unserer Gebete. Im ersten Kapitel bin ich ausführlich darauf eingegangen. Wenn wir Gott um alles bitten, werden wir schon bald in einer engen Beziehung mit ihm leben. Jesus gibt uns also das, was wir brauchen, während wir um das bitten, was wir wollen. Er weiß, dass wir viel mehr brauchen, als uns bewusst ist und als wir bitten können.

Mehr als Schokolade

Denken wir noch einmal an Willy Wonka. Er lockte die Käufer mit goldenen Tickets, die in seine Schokolade gepackt waren. Doch niemand ahnte, warum er das wirklich tat. Die fünf glücklichen Gewinner freuten sich darauf, die Schokoladenfabrik zu besuchen, Willy Wonka kennenzulernen, viel zu naschen und so viel Schokolade zu bekommen, dass es bis an ihr Lebensende reichen würde. War das nicht genug? Sie waren zufrieden mit den oberflächlichen, vergänglichen Dingen – genau wie wir alle.

Keiner von ihnen hätte damit gerechnet, dass Willy Wonka ihnen viel mehr geben wollte. Ihm ging es nicht darum, ein bisschen Schokolade zu verteilen, er suchte einen Erben für seinen ganzen Besitz. Er war auf der Suche nach einer Person, die er anleiten und prägen konnte, mit der er eine vertrauensvolle Beziehung aufbauen und der er alle seine Geheimnisse anvertrauen konnte. Er brauchte einen Nachfolger.

Jesus möchte unsere Wünsche erfüllen, aber auch er hat viel mehr als Schokolade für uns. Er will uns die ganze Ewigkeit schenken, indem er uns sein Leben gibt. Jesus ermutigte uns, um alles zu bitten, weil wir unseren Vater im Himmel kennenlernen, während wir beobachten, wie er auf unsere Gebete reagiert.

Je mehr Bitten wir an ihn richten, desto tiefer wird unsere Beziehung zu unserem Gott. Jesus liegt viel daran, dass wir um alles bitten. So kann er mit uns zusammenarbeiten und Dinge verändern. Als Jesus sagte: „Bittet, was ihr wollt", da meinte er: „Lernt mich kennen, indem ihr euch auf das Abenteuer des bittenden Gebets einlasst."

Trotz allem: Wir dürfen Jesus beim Wort nehmen und um alles bitten. Dabei müssen wir auch bereit sein, Enttäuschungen zu riskieren, während wir darauf warten, dass Gott aufgrund unserer Gebete eingreift. Gott möchte unsere Gebete beantworten. Er freut sich über jedes Gebet. Er hat sich das Beten ausgedacht, weil er sich die Beziehung mit uns wünscht. Die Gebetserhörungen sind dabei nur das Sahnehäubchen des Ganzen.

Große Bitten

Von Veruschka Salz können wir lernen, hemmungslos zu bitten. Sie bat um alles, was sie wollte. Auch uns wird in der Bibel nirgends verboten, das zu tun, solange unsere Einstellung korrekt ist. Wir sollen nicht aus der falschen Motivation heraus um Dinge bitten: „Ihr wollt alles haben und werdet nichts bekommen. Ihr seid voller Neid und tödlichem Hass; doch gewinnen werdet ihr dadurch nichts. Eure Streitigkeiten und Kämpfe nützen euch gar nichts. Solange ihr nicht Gott bittet, werdet ihr nichts empfangen" (Jakobus 4,2). Aber nirgends steht, dass wir nicht zu viel oder um zu Großes bitten sollen.

Veruschkas Fehler waren nicht ihre vielen Wünsche, sondern ihre Einstellung. Ihr ging es immer nur um sich selbst. Aber als Christen sind wir nicht so. Deshalb können wir bitten, hemmungslos, alles, was wir wollen. Unser Gott lebt in der ewigen Welt. Können wir diesen Gott, der alles im Überfluss hat, um zu viel bitten?

Gottes Reich

Es ist mit vielen Bibelstellen so. Erst bei längerer Betrachtung erkennt man die Schönheit und Tiefe der Aussage. Das gilt auch für Johannes 15. Oberflächlich betrachtet steht da, dass Gott alle unsere Bitten erfüllen will. Aber wer sich damit zufriedengibt, ist wie ein Tourist, der zum Grand Canyon fährt, dort parkt, im Auto bleibt und dann wieder zurückfährt. Zu Hause wird er dann allen Leuten erzählen, dass er am Grand Canyon war. Das macht natürlich niemand. Wer zum Grand Canyon fährt, wird auf jeden Fall aussteigen und den Anblick genießen, vielleicht auch in die Schlucht hinuntersteigen.

Deshalb will ich jetzt das vertiefen, was ich schon im ersten Kapitel kurz erwähnte. Das bittende Gebet hat eine dreifache Ausrichtung. An erster Stelle geht es darum, Gott zu verherrlichen, außerdem soll das Leben des Betenden fruchtbar gemacht werden, und drittens sollen andere Menschen uns dadurch als Nachfolger Jesu erkennen.

Jesus hat das alles in einem einfachen Satz ausgedrückt und damit das schlichte „bittet und ihr werdet empfangen" auf eine höhere Ebene gehoben. „Wenn ihr aber fest mit mir verbunden bleibt und euch meine Worte zu Herzen nehmt, dürft ihr von Gott erbitten, was ihr wollt; ihr werdet es erhalten. Wenn ihr viel Frucht bringt und euch so als meine Jünger erweist, wird die Herrlichkeit meines Vaters sichtbar" (Johannes 15,7-8).

Hier sind wir vielleicht an der wichtigsten Stelle des ganzen Buches. Beim bittenden Gebet geht es gar nicht in erster Linie um uns und die Elefanten, die wir so gerne hätten. Wenn wir Gott um alles bitten, breitet sich sein Reich auf Erden aus. Wer Mitarbeiter Gottes sein will, sollte sich angewöhnen, Gott um alles zu bitten, auch um die ganz großen Dinge.

> Beim bittenden Gebet geht es gar nicht in erster Linie um uns und die Elefanten, die wir so gerne hätten.

Nur ihm die Ehre

Wir müssen hier genau hinsehen. Jesus kam eigentlich nur mit einem Ziel auf die Erde: Er wollte den Vater verherrlichen. „Gott hat die Menschen so sehr geliebt, dass er seinen einzigen Sohn für sie hergab. Jeder, der an ihn glaubt, wird nicht zugrunde gehen", so steht es in Johannes 3,16. Das stimmt natürlich. Aber unsere Rettung war nicht sein wichtigstes Anliegen. Mehr als alles andere wollte er Gott groß machen. Alles andere, was er tat, diente diesem einen großen Ziel. Das wird an vielen Stellen deutlich.

Nach diesen Worten sah Jesus zum Himmel auf und betete: „Vater, die Zeit ist gekommen! Lass jetzt die Herrlichkeit deines Sohnes erkennbar werden, damit dein Sohn deine Herrlichkeit sichtbar macht."
Johannes 17,1

„Vater, lass deinen Namen gerühmt und geehrt werden!" Da erklang eine Stimme vom Himmel: „Das habe ich bisher schon getan, und ich werde ihn wieder zu großer Ehre bringen!"
Johannes 12,28

Arrogante Menschen mag niemand. Wer immer nur über sich selbst redet, langweilt alle. Wenn wir aus unserer menschlichen Perspektive auf einen Gott sehen, der immer will, dass seine Ehre vergrößert wird, dann wirkt das nicht positiv. Warum braucht er immer so viel Lob?

Wenn wir die Bibel lesen, verstehen wir besser, dass alles, was Gott tut, Ehre verdient. Wenn Gott sich selbst verherrlicht, dann ist das genau richtig. Doch wenn ein Mensch seine eigene Ehre sucht, dann ist das falsch. Alles, was an einem Menschen gut sein kann, ist ihm von Gott geschenkt worden. Wir haben kein Recht, uns selbst zu ehren. Bei Gott ist das anders, ihm gehört die höchste Ehre für alles, was er tut. Wer das leugnet, stellt sich gegen die Wahrheit. Alles, was Gott tut, verdient Ehre, auch seine Menschwerdung. Das ist Gottes Wahrheit.

An der Schöpfung kann man gut erkennen, dass alles, was Gott tut, zu seiner Ehre dient. Gott hat alles geschaffen. Dann lesen wir, dass alle Geschöpfe Gott ehren. Das ist die wichtigste Aufgabe aller Geschöpfe: „Der Himmel verkündet Gottes Größe und Hoheit, das Firmament bezeugt seine großen Schöpfungstaten" (Psalm 19,2).

Als Jesus seine Jünger ermutigte, den Vater um alles zu bitten, wusste er, dass der Vater dadurch verherrlicht werden würde. Gott beantwortet unsere Gebete, weil er dabei Ehre bekommt. Er ist nicht arrogant, nein, es ist sein Wesen: Gott ist so.

Wenn wir mit unseren Bitten zu Gott kommen, ehren wir ihn. Wenn wir ihn um vieles bitten, werden wir oft sehen, wie er sich verherrlicht. Das gilt sowohl für die wirklich dringenden Gebetsanliegen wie auch für die Luxuswünsche. Und es gilt ebenso für die Wünsche, die Gott erfüllt, wie auch für die Anliegen, die unbeantwortet bleiben.

Mein Ledersessel

Es ist schon ein paar Jahre her, dass ich bei Starbucks saß und mir auffiel, dass das Café neue Ledersessel hatte. Ich fand die Sessel sehr, sehr schön und bequem, also fragte ich die Barista, wo ich sie kaufen könnte. Sie erklärte mir, diese Sessel seien nur für Starbucks hergestellt worden und nicht im Handel erhältlich.

Damit wollte ich mich – typisch! – nicht zufriedengeben. Also untersuchte ich einen der Sessel und guckte, ob ich einen Hinweis auf den Hersteller finden konnte. Doch es gab keine Etiketten, keinen Stempel, nichts. Sofort begann ich, im Internet zu recherchieren. Ich wollte unbedingt herausfinden, wie ich an diese Sessel kommen könnte. Aber auch dort stieß ich auf keinen Hinweis auf den Hersteller. War hier etwas faul? Kurzerhand schickte ich ein kleines Gebet los mit dem Wunsch, irgendwie an diese Sessel zu kommen. Noch bevor ich Starbucks an diesem Tag wieder verließ, hatte ich das Thema samt meinem Gebet schon wieder vergessen. Ich habe nie wieder dafür gebetet.

Nun spulen wie ein paar Jahre vor. Ich war gerade dabei, das Wohnzimmer zu saugen. Es war schön eingerichtet, aber eine Sache vermisste ich sehr: einen Ledersessel. Natürlich, ich konnte auch ohne Ledersessel leben, aber trotzdem wünschte ich mir schon lange einen. Ich sehnte mich nach einem Sessel, in dem ich an den Abenden entspannt ein Buch lesen konnte. Wer gerne liest, kann das vielleicht verstehen.

Schon seit einiger Zeit hatte ich das bittende Gebet zu einem Teil meines Alltags gemacht. Dazu gehörte auch, dass ich nach dem Beten nicht gleich losging, um mir den Wunsch, den ich Gott gesagt hatte, selbst zu erfüllen (wenn das überhaupt möglich war). Wir hätten damals auch genug Geld gehabt, uns einen Sessel zu kaufen. Aber warum sollte ich etwas selbst kaufen, das ich vielleicht auch von Gott bekommen konnte? Nein, ich wartete erst einmal ab, was Gott tun würde. Also betete ich für meinen Sessel, während ich weiter staubsaugte.

Exakt in dem Augenblick, in dem mein Gebet fertig war, kam mir der Gedanke: *Schau doch mal bei Craigslist nach einem Sessel.*[11] Hatte

Gott mir diesen Gedanken geschickt? Ich war mir nicht sicher. Aber ich ging ja kein Risiko ein, wenn ich es ausprobieren würde. Also stellte ich den Staubsauger zur Seite und fuhr meinen Computer hoch. Kaum war ich auf der Seite mit den Anzeigen, da sah ich ihn schon, ganz oben: den perfekten Ledersessel für nur 25 Dollar. Sofort rief ich den Verkäufer an. Es gäbe schon einen Interessenten, meinte dieser, aber der könne erst abends kommen. Wenn ich vorher käme, würde der Sessel mir gehören. Ich fuhr sofort los.

Eine halbe Stunde später hatte ich den schönsten Ledersessel, den ich mir nur vorstellen konnte. Doch das Allerverrückteste kam erst noch: Beim Ausladen rutschte das Sitzkissen herunter. Mein Blick fiel auf die Innenseite des Gestells. Da stand groß und deutlich: „Exklusiv für Starbucks hergestellt". Sofort erinnerte ich mich an das Gebet, das ich vor Jahren gebetet hatte. Unglaublich! Nicht nur, dass Gott mir diesen schönen Sessel hat zukommen lassen, nein, er hatte sich auch noch an mein Gebet von damals erinnert, während ich selbst es längst vergessen hatte. Ist das bittende Gebet nicht wie eine spannende Abenteuerreise?

Doch was hat das alles jetzt mit Gottes Herrlichkeit zu tun? Das kommt jetzt: Ein paar Tage später besuchte mich ein Freund. Prompt staunte er über meinen tollen Sessel. Also erzählte ich ihm die ganze Geschichte. Am Ende meinte er beeindruckt: „Ist Gott nicht super?" Ja, das ist er! Ich bekam einen Sessel und Gott wurde geehrt. So funktioniert das, und zwar unabhängig davon, ob wir für ein Möbelstück beten oder für die Entstehung eines Waisenhauses in Kambodscha. Am besten, wir beten für beides und erleben in beiden Zusammenhängen, wie fantastisch unser Gott ist.

Ein fruchtbares Leben

Christen bringen Frucht. Wenn wir in Jesu Liebe eingehüllt sind und der Heilige Geist in uns wohnt, dann werden wir unweigerlich Gutes bewirken. Dabei hängt es aber von unserem Gebet ab, ob wir eine reiche Ernte hervorbringen oder nur ein paar kleine, kümmerliche Früchtchen. Durch Gebet kommen wir in den Bereich der Fülle, in dem Gott sich bewegt.

Theologisch wird es bei den Bibelstellen, die unseren eigenen Beitrag zu einer Sache betonen, immer ein bisschen schwierig. Können wir durch Gebet Dinge auslösen, die Gott sonst nicht getan hätte? Handelt Gott nicht, wenn wir nicht beten? Oder kann er tun, was er will, unabhängig von unserem Gebet?

Wenn man in dieses Thema einsteigt, kann man heiße Diskussionen führen. Vielleicht wird man Gottes Wort und sein Handeln in der Welt besser verstehen, wenn man über diese Zusammenhänge nachdenkt. Aber wahrscheinlich wird man weniger beten, vor allem das bittende Gebet wird durch diese Überlegungen oft gehemmt. Ich kenne genug Gläubige, die sich nicht mehr die Mühe machen, Gott um Dinge zu bitten. Sie denken entweder, ihr Gebet kann doch nicht wirklich etwas ändern an den Dingen, die Gott vorherbestimmt hat, oder sie denken, Gottes Handeln ist von unseren Gebeten unabhängig.

Ich zerbreche mir nicht den Kopf über der Frage, ob die Gebetshenne nun vor oder nach dem Gebetsei kam. Entscheidend ist für mich, dass Jesus uns klar beauftragt hat, für beides zu beten, die Henne und das Ei. Egal wie wir über die göttliche Vorherbestimmung denken, jeder Christ hat den Auftrag, so viel wie möglich zu beten: „Freut euch zu jeder Zeit! Hört niemals auf zu beten. Dankt Gott für alles. Denn das erwartet Gott von euch, weil ihr zu Jesus Christus gehört" (1. Thessalonicher 5,16-18).

Wenn wir beten, dann verbinden wir unsere Anliegen mit der Ewigkeit. Schließlich ist Gebet die ewige Sprache Gottes. Weil Jesus das weiß, fordert er uns zum Beten auf. Worte, die wir im geistlichen Raum der Ewigkeit aussprechen, werden selbst ewig. Ich habe darüber im ersten Kapitel schon geschrieben. Der Apostel Johannes durfte das sogar sehen, während er auf Patmos war: „Im selben Augenblick fielen die vier Gestalten und die vierundzwanzig Ältesten vor dem Lamm nieder. Jeder von ihnen hatte eine Harfe und goldene

Schalen voller Weihrauch. Das sind die Gebete aller, die zu Gott gehören" (Offenbarung 5,8).

Diese Verse enthalten eine radikale Wahrheit: Mit jedem Gebet, das wir beten, hinterlassen wir in der Ewigkeit einen wunderbaren Duft. Wenn wir in den Himmel kommen, werden wir dort den Duft der Gebete aus Tausenden von Jahren riechen. Jedes Mal, wenn wir beten, steuern wir etwas zu den Schalen voller Weihrauch bei, von denen Johannes schreibt. Dort werden unsere Gebete in Ewigkeit brennen, gemeinsam mit den Gebeten von Paulus, von Mutter Teresa und vom gläubigen Handwerker, der bei uns in der Nachbarschaft wohnt.

Wenn wir beten, bewegen wir uns in der ewigen Welt. Wir bringen das, was wir uns für unser Leben und für die ganze Menschheit erhoffen, in Form von Gebeten zu Gott. Beten ist aber keine Einbahnstraße. Die Gebete schwingen zwischen Gottes Thron und unserer Welt hin und her. Gott lässt es nicht zu, dass die Gebete seiner Kinder sich einfach nur vor seinem Thron ansammeln. Nein, er reagiert darauf. So, wie wir mit unseren Gebeten in die Ewigkeit hineinreichen, so greift Gott in unser Leben und unsere Welt ein, wenn er auf unsere Bitten antwortet. Diese Wechselwirkung zwischen Himmel und Erde ist ein Kennzeichen von Gottes Reich und wird uns von Jesus auch so beschrieben: „Ihr sollt deshalb so beten: Unser Vater im Himmel! Dein heiliger Name soll geehrt werden. Lass deine neue Welt beginnen. Dein Wille geschehe hier auf der Erde, wie er im Himmel geschieht" (Matthäus 6,9-10).

Wenn Gott auf unsere Gebete reagiert, dann verbreitet sich auf der Erde das Reich Gottes. Das garantiert uns, dass unsere Mühe nicht umsonst ist. Hier kommt die Fülle Gottes ins Spiel. Die Bitte, die wir an Gott richten, verlässt die vergängliche Welt und wird Teil der ewigen Welt. Damit verbinden wir uns durch unser Bitten mit der Fülle der unsichtbaren Welt.

Überfluss ist ein typisches Merkmal des Himmels. Ich glaube, dass dieser Überfluss jedes Mal, wenn wir beten, in unsere Gegenwart kommt. Das habe ich schon oft beobachtet. Ich bitte Gott um einen Urlaub mit meiner Familie oder um Mitarbeiter für einen Bereich in der Gemeinde. Wenn dann Gottes Antwort kommt, bin ich oft überwältigt von der Fülle, die er mir gibt und die meine Erwartung weit übertrifft. Gott gibt mir so viel, dass ich anderen davon weitergeben kann. So entsteht eine Fülle von Segen und Frucht durch unser Bitten.

Neulich ist mir genau das passiert. Ich habe für Freiwillige gebetet, die mir bei der Organisation einer Veranstaltung helfen könnten. Daraufhin meldeten sich so viele Leute, dass ich einige von ihnen einer befreundeten Gemeinde ausleihen konnte, die am selben Tag Hilfe brauchte.

Der Zusammenhang ist einfach. Wenn wir für etwas beten, übergeben wir Gott die Verantwortung für dieses Thema. Gott, der Teil einer Welt ist, in der alles im Überfluss vorhanden ist, kommt auf seine Art und mit seinen Möglichkeiten in unsere Situation. Damit übertrifft er alles, was wir mit unseren Mitteln jemals anstreben oder tun könnten. Gottes Eingreifen führt zu einem Ergebnis, das der Fülle Gottes entspricht.

Letztlich haben wir die Wahl. Wir können die bescheidene Frucht bringen, die Kinder Gottes von Natur aus bringen. Oder wir sind überfließend fruchtbar, indem wir Gott in die Angelegenheiten unseres Lebens und unserer Welt eingreifen lassen – durch unser bittendes Gebet.

Zeigen, dass wir seine Jünger sind

Dienstags am späten Nachmittag treffe ich mich immer mit meinem Freund Jamie am Strand zum Joggen. Wir haben uns bei einer Hochzeit kennengelernt, die ich mal gehalten habe, und waren uns von Anfang an sympathisch. Jamie ist ein Mann Mitte vierzig, dem eine ganze Restaurantkette in San Diego gehört. Er rennt so schnell wie eine Gazelle, ist klug wie eine Eule und ich mag ihn wirklich sehr. Er kommt aus einer Familie, die sich selbst als christlich bezeichnet, aber

Jamie hatte nie darüber nachgedacht, ob er ein Nachfolger Jesu sein wollte.

In den letzten drei Jahren sind wir Hunderte von Kilometern zusammen gejoggt. Am Anfang war ich ganz vorsichtig, weil ich nichts Falsches sagen wollte. Von einem gemeinsamen Freund hatte ich erfahren, dass Jamie allem Christlichen gegenüber sehr skeptisch war und auf keinen Fall über dieses Thema reden wollte.

Die Monate vergingen und wir reihten Kilometer an Kilometer, während unsere Freundschaft und unser Vertrauen wuchsen. Wir fingen an, uns auch persönliche Dinge zu erzählen. Während wir anfangs vor allem über Fußball und Essen gesprochen hatten, ging es jetzt um unsere Werte und den Sinn des Lebens. Wir stellten uns gegenseitig Fragen und suchten gemeinsam nach Antworten.

Beim Laufen erzählte ich ihm dann auch gelegentlich, wofür ich gerade betete. Zunächst hatte ich dabei keine Hintergedanken. Unsere Beziehung war so vertraut geworden, dass dies einfach dazugehörte, wenn ich ehrlich von mir sprach. Ich hätte nie gedacht, dass das die Kraft haben würde, Jamies Interesse für das Evangelium zu wecken.

Doch durch meine Erzählungen wurde Jamie Zeuge von Gottes Antworten auf meine Gebete. Zuerst hörte er von mir, welche Bitten ich gerade an Gott richtete. Eine Woche oder einen Monat später kam ich dann mit der ein oder anderen atemberaubenden Geschichte davon, was Gott getan hatte.

Danach dauerte es nicht mehr lange, bis Jamie mich fragte, ob ich auch für Dinge in seinem Leben beten könnte. Damals wollte er vor allem eine Frau finden und eine Familie gründen. Ich fing an, für seine Anliegen zu beten, und Jamie erlebte, wie Gott darauf reagierte. Er konnte es kaum fassen. Vor etwa einem Jahr, nachdem wir gerade wieder einmal miteinander gejoggt waren, bat er mich, für eine bestimmte Sache in seinem Leben die Hände zu falten. Ich fragte ihn, ob es ihm etwas ausmachen würde, wenn ich gleich jetzt dafür beten würde. Er war einverstanden und so beteten wir mitten am Tag an einer Straßenecke. Inzwischen sprechen wir sehr oft am Ende unserer Laufzeit mit Gott, obwohl Jamie sich immer noch nicht für ein Leben mit Jesus entschieden hat.

Aber als wir zuletzt zusammen waren, fragte er mich, welche Bibelübersetzung er sich kaufen sollte. Er wollte gerne anfangen, in Gottes Wort zu lesen, und selbst herausfinden, was es heißt, ein Jesus-Nachfolger zu sein. Ist das nicht irre? Das muss Jesus gemeint haben, als er sagte, wenn wir Gott um alles bitten, erweisen wir uns als seine Jünger.

Vor einem Jahr bat Jamie mich schließlich, seine eigene Hochzeit zu halten. In der Folge haben sich unsere Gesprächsthemen geändert. In letzter Zeit geht es oft um Babys – Jamie ist der stolze Vater eines kleinen Jungen geworden. Wenn das mal keine Elefanten sind!

Immer und überall

Das bittende Gebet ist vielleicht die beste Art, wie wir Jesus in der Welt bekannt machen können. Das Interesse an Jesus und der Kirche hat in unserer westlichen Welt stark nachgelassen. Das Evangelium ist zwar immer noch die „Kraft Gottes, die alle befreit, die darauf vertrauen" (Römer 1,16), aber wir müssen in dem, wie wir die gute Nachricht weitergeben, auch mit der Zeit gehen. Nach meiner Erfahrung lassen sich heute nicht mehr viele Menschen von guten Argumenten oder beeindruckenden Lebensgeschichten überzeugen. Dazu sind die Herzen zu kalt geworden. „Und weil Gottes Gebote missachtet werden, setzt sich das Böse überall durch. Die Liebe wird bei vielen Menschen erlöschen" (Matthäus 24,12).

Aber die meisten Menschen freuen sich, wenn man ihnen Gebet anbietet, auch wenn sie keine klare Vorstellung davon haben, zu wem gebetet wird. Ich habe schon Hunderte von Menschen gefragt, ob ich für sie beten kann. Die meisten waren keine Jünger Jesu. Noch nie hat jemand ablehnend reagiert. Das kann ich wirklich empfehlen. Es ist einfach und unkompliziert, geht immer und überall.

Wenn wir mit jemandem reden, der von seinem kranken Kind erzählt oder gerade auf Arbeitssuche ist – was liegt näher, als zu fragen, ob man dafür beten soll? Man muss nicht unbedingt gleich vor Ort beten, obwohl darin meiner Erfahrung nach eine besondere Kraft liegt. Man kann das Anliegen auch später zu Hause mit auf die Gebetsliste nehmen und am besten mit einer passenden Bibelstelle ergänzen.

Trifft man die Person wieder, kann man fragen, wie sich die Dinge entwickelt haben. Es bietet sich an, dem anderen Mut zu machen, auf Gott zu vertrauen. Toll ist es zu versprechen, weiter für sie zu beten. Oft dauert es nicht lange, bis die Person wieder eine Not hat und von selbst um Gebet bittet. Auf diese Weise kann Gott wirken und sichtbar machen, dass wir seine Nachfolger sind. Wenn andere wissen, dass wir an Jesus glauben, werden sie vielleicht neugierig. So trägt das bittende Gebet dazu bei, andere auf Jesus aufmerksam zu machen.

Meine Vision

In diesem Kapitel habe ich versucht, die Bedeutung des bittenden Gebets aufzuzeigen, die weit über unsere eigenen Anliegen hinausgeht. Wenn wir beständig, kühn und strategisch bitten, wird Gott unsere Grenzen sprengen. Die Herrlichkeit Gottes wird in unserem Alltag aufleuchten und wir werden die Fülle des Segens erleben, die Gott über allen ausschüttet, die ihre Wünsche, Hoffnungen und Träume ihm anbefehlen.

Wenn wir dann noch mutig genug sind, auch mit anderen darüber zu sprechen, dann erfahren sie hautnah, dass wir mit Jesus leben. Alles, was wir tun müssen, ist uns an unseren himmlischen Vater zu wenden.

7 Wir können nichts tun

Gebet ist die wirksamste Art, wie Christen in ihrem privaten Leben das Wirken Gottes sichtbar machen und das Reich Gottes vorantreiben können.
Jonathan Edwards

Angenommen, ein angesehener Verlag interessiert sich für unsere Lebensgeschichte. Begeistert setzen wir uns hin und bringen unser Leben zu Papier. Es werden die dreihundert spannendsten Seiten, die wir je gelesen haben, eine Serie von Heldentaten, Begebenheiten aus verschiedenen Ländern, dazu eine Liebesgeschichte, die man in Hollywood verfilmen könnte. Stolz präsentieren wir das Ganze dann dem Lektor. Doch der hat einen riesengroßen Radiergummi in der Hand. Je mehr er liest, desto mehr radiert er aus.

Schließlich bekommen wir das lektorierte Manuskript zurück. Von unserem hunderttausend Worte umfassenden Meisterwerk sind jetzt nur noch 11 624 Worte übrig. Unter der letzten Seite finden wir eine kurze Notiz, mit der das Angebot zurückgezogen wird. „Es tut uns leid, Ihnen mitteilen zu müssen, dass Ihre Geschichte nicht gehaltvoll genug ist, um von uns veröffentlicht zu werden."

Diese Geschichte ist wirklich wahr. Gott, der Autor unseres Glaubens, hat vorgeschlagen, unsere Erlebnisse in der Ewigkeit zu veröffentlichen. Es gibt nur eine Einschränkung: Es werden nur die Teile unseres Lebens akzeptiert, an denen Gott als Koautor mitgewirkt hat. Denn: „Er hat uns den Glauben geschenkt und wird ihn bewahren, bis wir am Ziel sind" (Hebräer 12,2).

So basteln wir täglich an unserer Geschichte, füllen Seiten, fügen Kapitel hinzu, bis unser ganzes irdisches Leben notiert ist. Alle Passagen, die Gott mit uns zusammen geschrieben hat, werden in der

Ewigkeit zu seiner Ehre veröffentlicht werden. Doch alle Abschnitte, die wir in eigener Regie erstellt haben, sind bedeutungslos und werden ausradiert.

Wenn wir im Willen Gottes beten, dann schreiben wir mit Tinte, die bis in alle Ewigkeit sichtbar sein wird. Aber wenn wir unsere Geschichten selbst bauen, ohne Gebet und ohne dass Jesus daran beteiligt ist, dann verblasst die Tinte, bis nichts mehr zu sehen ist. Alles, was wir in eigener Kraft tun, wird am Ende zu Staub zerfallen. Die Firma, die wir ohne Gott aufgebaut haben, wird es irgendwann nicht mehr geben. Auch die beste Ehe und die glücklichste Familie werden in der Ewigkeit vergessen sein, wenn Jesus nicht im Zentrum stand. Schon im Alten Testament steht, dass alles sinnlos ist, was ohne Gott erreicht wird: „Wenn der Herr nicht das Haus baut, dann ist alle Mühe der Bauleute umsonst. Wenn der Herr nicht die Stadt bewacht, dann wachen die Wächter vergeblich" (Psalm 127,1).

> Wenn wir im Willen Gottes beten, dann schreiben wir mit Tinte, die bis in alle Ewigkeit sichtbar sein wird.

Jesus ist der Urheber unserer Lebensgeschichte und lektoriert sie auch. Er streicht alles heraus, was die Sache verwässern oder abschwächen würde. Das zu wissen ist entscheidend, um zu verstehen, wie und warum Gott Gebete beantwortet. Wenn wir für Dinge in unserem Leben beten, die nicht in Einklang mit Gottes Zielen stehen, dann streicht er sie aus dem für die Ewigkeit lektorierten Manuskript heraus. Genau anders herum verhält es sich bei den Geschichten unseres Lebens, die durch Gebet entstanden sind und Gottes ewigem Willen entsprechen. Sie gehen in das ewige Buch ein und legen Zeugnis ab von seiner Herrlichkeit.

Wir müssen in Christus bleiben, um zu erkennen, für welche Geschichten wir beten und welche Wege wir weiter gehen sollen.

Lebensatem

Im vorigen Kapitel ging es um die drei Auswirkungen des bittenden Gebets. Eine davon war, dass unser Leben viel Frucht hervorbringt. Das hat Jesus im Johannesevangelium besonders deutlich erklärt. Zur Illustration hat er sich selbst dort als Gärtner beschrieben, der im Garten unseres Lebens arbeitet. Manche Gärten bringen reichen Ertrag, andere nur kärglichen.

Ich bin der wahre Weinstock, und mein Vater ist der Weingärtner. Alle Reben am Weinstock, die keine Trauben tragen, schneidet er ab. Aber die Frucht tragenden Reben beschneidet er sorgfältig, damit sie noch mehr Frucht bringen. Ihr seid schon gute Reben, weil ihr meine Botschaft gehört habt. Bleibt fest mit mir verbunden, und ich werde ebenso mit euch verbunden bleiben! Denn so wie eine Rebe nur am Weinstock Früchte tragen kann, so werdet auch ihr nur Frucht bringen, wenn ihr mit mir verbunden bleibt. Ich bin der Weinstock, und ihr seid die Reben. Wer bei mir bleibt, so wie ich bei ihm bleibe, der trägt viel Frucht. Denn ohne mich könnt ihr nichts ausrichten. Wer ohne mich lebt, wird wie eine unfruchtbare Rebe abgeschnitten und weggeworfen. Die verdorrten Reben werden gesammelt, ins Feuer geworfen und verbrannt.
    Johannes 15,1-6 (Hervorhebung durch den Autor)

Zuerst kommt hier der negative Aspekt: Jesus schneidet alles ab, was nicht notwendig ist. Dann wird betont, dass jeder, der in Jesus bleibt, viel Frucht bringt.

Was bedeutet dieses Nichts? Im Johannesevangelium wird beschrieben, wie Gott in das Nichts seinen Lebensatem hauchte: „Am Anfang war das Wort. Das Wort war bei Gott, und das Wort war Gott selbst. Von Anfang an war es bei Gott. Alles wurde durch das Wort geschaffen, und nichts ist ohne das Wort geworden" (Johannes 1,1-3).

Wenn wir beten, geben wir Gott unser Nichts. Genau wie am Anfang der Zeiten haucht Jesus dann sein Leben in unsere Leere. So wirkt Jesus durch unser Gebet mit uns zusammen und erschafft unser Leben. Es liegt an uns: Wir können in Jesus bleiben, indem wir ihn um alles bitten. Dann wird er unser Leben so gestalten, dass es in Ewigkeit Bestand haben wird. Wer würde darauf verzichten und in der Bedeutungslosigkeit leben wollen?

Die Liebe gilt!

Wir dürfen jetzt aber nicht entmutigt aufgeben, weil wir es so schwierig finden, immer ganz nah an Christus zu bleiben, damit unsere Gebete Frucht bringen. Vielmehr sollten wir unseren Blick auch auf die andere Wahrheit richten: Jesus liebt uns. Er wartet mit seiner Zuneigung nicht, bis wir uns ordentlich zurechtgemacht haben und endlich perfekt sind. Er liebt uns schon jetzt, so wie wir sind.

Natürlich ist Jesus auch der Lektor, der so vieles ausradiert, und der Gärtner, der – auch mithilfe des Gebets – unser Leben beschneidet, reinigt und formt. Aber er tut das mit Liebe und Sorgfalt und damit wir noch mehr Frucht bringen. Wenn wir mit unseren Bitten zu Gott kommen, dann empfängt uns nicht ein strenger Vorgesetzter mit verschränkten Armen und bösem Blick, sondern es umarmt uns ein liebender Vater. Jesus erwartet von uns keine Vollkommenheit, auch nicht in der Beziehung zu ihm. Vielmehr hält er nach echter, ehrlicher Freundschaft mit uns Ausschau. Um die Vollkommenheit hat er sich am Kreuz längst selbst gekümmert.

Jesus fordert uns auf, in seinem Namen um alles zu bitten. Dabei geht er davon aus, dass wir in inniger Nähe mit ihm leben und mit Gottes Wesen und Willen vertraut sind. Als Menschen, für die Jesus gestorben ist, sind wir von Natur aus in dieser Position. Nur wenn wir aktiv dazu beitragen, können wir diese Nähe zu Gott verlassen. Um sich von ihm zu entfernen, müssten wir Gott gegenüber hart und kalt werden und Jesus verleugnen.

Viele Christen denken, dass dies gar nicht möglich ist. Wer einmal

Jesus kennengelernt hat, kann nicht mehr von ihm und seiner Liebe getrennt werden. Auf der einen Seite stimmt das auch, und Paulus bestätigt das so: „Ich bin ganz sicher, dass nichts uns von seiner Liebe trennen kann: weder Tod noch Leben, weder Engel noch Dämonen noch andere gottfeindliche Mächte, weder Gegenwärtiges noch Zukünftiges, weder Himmel noch Hölle. Nichts in der ganzen Welt kann uns jemals trennen von der Liebe Gottes, die uns verbürgt ist in Jesus Christus, unserem Herrn" (Römer 8,38-39; GNB).

Auch hier sind wir also wieder an einer spannungsreichen Stelle der biblischen Botschaft. Oben haben wir gelesen, dass wir nichts tun können, wenn wir von ihm getrennt sind. Doch hier heißt es, dass nichts uns von seiner Liebe trennen kann, nachdem wir in die liebevolle Beziehung mit ihm eingetreten sind.

Der Widerspruch lässt sich auflösen. Zum einen ist Gottes Zuwendung zu uns durch Jesus unveränderlich. Niemand wird ihn jemals davon abbringen, uns zu lieben. Zum anderen wird er aber unser Tun nicht segnen, wenn wir uns außerhalb seiner Absichten bewegen. Das ist nur gut für uns. Wie könnte ein Vater etwas unterstützen, von dem er weiß, dass es nicht gut ist für sein Kind?

Das müssen wir unbedingt fest in unsere Theologie einbauen. Wir können gleichzeitig in dieser tiefen Verbundenheit mit Jesus sein, von der Jesus sprach, und trotzdem Fehler machen und Entscheidungen treffen, die nicht seinem Willen entsprechen. Wenn das nicht so wäre, müssten wir ja vollkommen sein, damit Gott unsere Gebete erhört. Aber Gottes Beziehung zu uns ist stabil und ohne Schwankungen, unabhängig von unserem Verhalten.

Natürlich können wir Blockaden zwischen uns und Gott errichten, indem wir uns außerhalb seines Wortes und seines Willens bewegen. Aber nur weil wir in geistlichen Dingen nicht vollkommen sind oder nicht verstanden haben, was Gott von uns will und wozu er uns berufen hat, werden wir nicht wie die fruchtlose Rebe behandelt und vom Weinstock abgeschnitten.

Versager-Gefühle

Viele Gläubige kämpfen mit diesen Versager-Gefühlen, wenn es um das bittende Gebet geht. Kaum denken sie an diese Worte Jesu, in denen er davon spricht, dass wir in ihm bleiben sollen wie die Rebe am Weinstock, schon haben sie all ihre Fehler und ihr Versagen vor Augen. Die meisten denken, weil sie nicht ausreichend in Jesus bleiben, erhört er auch ihre Gebete nicht. Kein Wunder, dass sie Gott kaum noch um etwas bitten wollen. Sie haben resigniert.

Entmutigung ist ein großer Gebetskiller, dem wir keinesfalls nachgeben dürfen. Doch nur selten ist unsere Reaktion auf entmutigende Gedanken und Erlebnisse, intensiver zu beten, statt das Beten ganz aufzugeben. Geistlich reife Christen beten auch in Zeiten des Zweifels und der Verzweiflung weiter. Sie haben verstanden, dass sie Söhne und Töchter des allerhöchsten Gottes sind und glauben an diese geistliche Wahrheit. Doch viele Gläubige fühlen sich von Gott verstoßen, wenn sie die Defizite in ihrem geistlichen Leben sehen. In ihrer Vorstellung ist Gottes Welt wie ein kreisrundes Feld. Haben sie gesündigt, rutschen sie aus dem Kreis hinaus. Machen sie alles richtig, dürfen sie wieder in den Kreis zurück. Doch dieses Denken ist biblisch nicht richtig und es ignoriert alles, was Jesus am Kreuz getan hat.

Wie ein sanfter Regen

Ich gehe davon aus, dass jeder von uns gerne eine fruchtbare Rebe in Gottes Weinberg wäre. Wer sich dazu entscheidet, ein Buch über Gebet zu lesen, der sehnt sich normalerweise auch nach Gottes Wirken in seinem Leben.

Eine Rebe, also ein Ast, hat eine klar umrissene Aufgabe. Durch ihn werden Wasser und Nährstoffe zu den Früchten transportiert. Das ist unsere Verantwortung, wir müssen die Früchte unseres Lebens mit Nährstoffen versorgen. Kommt kein Nachschub zu den Früchten, dann verkümmern sie, vertrocknen und sterben ab. Aber mit gezielten und konkreten Gebeten bleiben die Früchte gesund und frisch. Gebet bringt den göttlichen Lebenssaft, seinen Willen, seine Absichten und seine Kraft direkt zu den Früchten unseres Lebens und unseres geistlichen Dienstes. Dabei überlässt Gott es uns, wie viel Frucht unser Leben hervorbringen wird. Gott möchte gerne mit uns zusammen sein Reich bauen und Früchte wachsen lassen, aber er ist nicht auf uns angewiesen. Wenn wir nicht mitmachen, dann lässt er die Früchte, die uns zugedacht waren, an anderen Ästen wachsen. Jede Frucht, die Gott geplant hat, wird kommen, durch uns oder durch andere. Wenn wir versuchen, alles aus eigener Kraft zu schaffen, verzichten wir auf üppige Ernten in unserem Leben. Unsere Gebete sind wie ein sanfter Frühlingsregen, der auf die in der Erde ruhenden Samen fällt. Ohne Gebet würde nichts passieren, doch unsere Gebete erwecken den Samen zum Leben.

> Gebet bringt den göttlichen Lebenssaft, seinen Willen, seine Absichten und seine Kraft direkt zu den Früchten unseres Lebens und unseres geistlichen Dienstes.

Im ersten Psalm finden wir die genauen Angaben darüber, wie man in Gott bleiben und ein fruchtbares Leben führen kann: „Glücklich ist, wer nicht lebt wie Menschen, die von Gott nichts wissen wollen. Glücklich ist, wer sich kein Beispiel an denen nimmt, die gegen Gottes Willen verstoßen. Glücklich ist, wer sich fern hält von denen, die über alles Heilige herziehen. Glücklich ist, wer Freude hat am Gesetz des Herrn und darüber nachdenkt – Tag und Nacht. Er ist wie ein Baum, der nah am Wasser steht, der Frucht trägt jedes Jahr und dessen Blätter nie verwelken. Was er sich vornimmt, das gelingt" (Psalm 1,1-3).

In Ewigkeit Bestand

Wenn wir diesen Lebensstil gefunden haben und in Jesus bleiben, lernen wir zu erkennen, was Gott von uns will. Unsere Ernte fällt entsprechend größer aus, wenn wir das tun, was Gott für uns vorbereitet hat. Oder anders ausgedrückt: Wenn wir wissen, wo die Bäume mit den reifen Früchten stehen, ist es leichter, viel zu pflücken. Dummerweise suchen wir immer wieder in der Wüste nach Früchten, in der Wüste unserer eigenen Anstrengungen.

Doch wenn wir in Jesus bleiben und regelmäßig bei ihm mit unseren Bitten vorsprechen, dann sind wir gesegnete Menschen. Ich denke wirklich, dass das Bleiben in Jesus zum großen Teil nichts weiter ist, als regelmäßig vor ihm zu erscheinen, ihm unsere Bitten zu bringen und auf ihn zu hören. Jesus sagte, wir sollen ihn um alles bitten, was wir wollen. Dazu gehört, dass wir uns Zeit nehmen. Diese Tatsache ist schlicht und unumgänglich. Bevor wir solche Bitten zu Gott aufsteigen lassen können, die zielgerichtet und strategisch sind und den Willen Gottes auf Erden freisetzen, müssen wir auf Gott hören und Zeit in seiner Nähe verbringen. Nur so entstehen wirksame bittende Gebete.

Zeit mit Gott kann auf unterschiedliche Weise gestaltet sein. Wir können ihn anbeten, ihm danken, über sein Wort nachdenken oder auch einfach nur still in seiner Gegenwart sitzen. Es kommt darauf an, was dem Einzelnen liegt, aber auf jeden Fall ist Zeit mit Gott die Voraussetzung, um bittende Gebete von Gott zu empfangen und wieder zu ihm aufsteigen zu lassen. Dabei zeigt uns Gott, wie wir beten sollen. Wenn wir darauf achten, werden wir das beten, was Gott auch erhören will. Je besser wir hören, welche Gebete Gott sich von uns wünscht, desto dramatischer wird sein Wirken in unserem Leben werden. Dann jagen wir nicht den vergänglichen Dingen nach, die letztlich ins Nichts münden, sondern investieren in die Dinge, die in der Ewigkeit Bestand haben werden.

8 Extra naturbelassen

Alles hängt davon ab, dass wir Gott sehen. „Glücklich sind, die ein reines Herz haben, denn sie werden Gott sehen" (Matthäus 5,8).
John Piper

In diesem Kapitel möchte ich mich mit einer Eigenschaft beschäftigen, die zu einer innigen Verbindung mit Jesus führt und ganze Elefantenherden freisetzt. Es geht um Heiligkeit.

Manchmal denke ich, nur im Zusammenhang von Olivenöl wird das Wort „rein" in unserer Gesellschaft noch als etwas Positives gesehen. Vor Kurzem haben sich die angesehensten Olivenöl-Experten der Welt getroffen. Ihr Thema waren die zunehmenden Betrügereien bei der Herstellung von Olivenöl. Ich erfuhr, dass viele Ölhersteller Etikettenschwindel im großen Stil betreiben. Mehr als die Hälfte des Olivenöls weltweit, das als „extra nativ" gekennzeichnet ist, ist in Wirklichkeit gepanscht und minderwertig, teilweise sogar gesundheitsschädlich.[12]

Ich habe auch den Begriff *extra naturbelassen* nie wirklich verstanden. Wie kann etwas noch natürlicher als naturbelassen sein? (Es gibt doch auch nicht „ein bisschen schwanger", oder? Aber das gehört jetzt nicht zum Thema ...)

Eines der Probleme beim extra-nativen Olivenöl ist die Tatsache, dass man die Qualität nur schwer nachprüfen kann. Das ist wie mit den modernen Dopingmitteln, die im Profisport kursieren. Auch die gepanschten Olivenölsorten lassen sich immer schwerer von den hochwertigen Ölen unterscheiden. Minderwertiges Olivenöl wird oft noch mit hydrierten Ölen aus Soja, Sonnenblumen und Raps vermischt, das unter Hitzeeinwirkung und mithilfe von Chemikalien gewonnen wurde. Durch den Zusatz von Aromastoffen, Farbstoffen und einem geringen Anteil Olivenöl lässt es sich für den Verbraucher kaum von den wirklichen extra-nativen Olivenölen unterscheiden.

So ähnlich ist es auch mit dem christlichen Leben. Ein paar Zusätze, Duftstoffe und ein paar Prozent an extra-nativer Frömmigkeit, und schon ist die Sünde kaum noch wahrzunehmen. Aber so wie der gesundheitliche Nutzen von Olivenöl durch das Panschen verloren geht, so verliert auch eine unreine Gemeinde ihre Wirkungskraft. Doch heute zählt Authentizität zu den wichtigsten Eigenschaften einer Gemeinde und ihrer Mitglieder und wird viel höher bewertet als Heiligkeit. Wenn jemand sündigt, nun, dann ist das, was er getan hat, eben authentisch. Wir sollen doch echt sein und das leben, was wir wirklich sind. Jeder soll so akzeptiert werden, wie er ist, und mit allem, was er tut. Ruft die Gemeinde dazu auf, der Sünde zu widerstehen, dann kommt der Vorwurf, sie würde den Menschen verbieten, so zu leben, wie sie nun einmal geschaffen wurden. Es ist gar nicht trendy, irgendeinen Anteil der eigenen Person nicht auszuleben.

Gleichzeitig herrscht in vielen Gemeinden aber auch eine große Sehnsucht nach dem vermehrten Wirken des Heiligen Geistes. Vieles wird unternommen, um dem Heiligen Geist Raum zu geben. Das ist natürlich gut. Aber der Heilige Geist ist heilig. Er wirkt nur dort, wo Reinheit herrscht oder wir uns nach ihr ausstrecken. Wir können nicht erwarten, dass er unter uns in voller Kraft wirkt, wenn wir nicht nach Heiligkeit streben.

Wasser und Öl

Es ist wie mit Wasser und Öl. Gebet und Sünde lassen sich nicht vermischen. So wie echte extra-native Öle ihre Qualität verlieren, wenn man ihnen billige Öle zusetzt, so wirkt sich auch Sünde auf unser Beten aus. Wenn wir Sünde in unserem Leben tolerieren, dann wird sie uns vom Beten abhalten und das wenige, was wir noch beten, unwirksam machen.

> Wenn wir Sünde in unserem Leben tolerieren, dann wird sie uns vom Beten abhalten und das wenige, was wir noch beten, unwirksam machen.

Christen, die gewohnheitsmäßig und bewusst sündigen, haben oftmals ein schlechtes Gewissen und deshalb kaum noch Lust zu beten. Andererseits schwächt Sünde auch die Gebete. Sie verlieren an Kraft und Wirksamkeit. Ein Beispiel dafür finden wir im Petrusbrief: „Ihr Männer, nehmt Rücksicht auf eure Frauen, so wie sie es als die Schwächeren brauchen; achtet und ehrt sie. Vergesst nicht, dass Gott in seiner Gnade allen das ewige Leben schenkt, Männern wie Frauen. Nichts soll zwischen euch stehen, das euch am Beten hindert" (1. Petrus 3,7). In diesem Vers wird deutlich, dass es beim Beten hinderlich ist, wenn man seinen Ehepartner nicht achtet. Obwohl hier nur von Ehepartnern die Rede ist, gehe ich davon aus, dass dieser Zusammenhang auch in anderen Beziehungen gilt. Andere Bibelstellen bestätigen das. Hier einige Aussagen der Bibel, die zeigen, wie sehr unser Beten gestört wird, wenn wir uns mit der Sünde arrangiert haben.

Hätte ich Böses im Sinn gehabt,
dann hätte der Herr mich nicht erhört.
  Psalm 66,18

Eure Schuld – sie steht wie eine Mauer zwischen euch und eurem Gott! Eure Sünden verdecken ihn, darum hört er euch nicht.
  Jesaja 59,2

„Auf, bittet Gott, gnädig zu sein! Aber wenn ihr so etwas getan habt, warum sollte er euch dann noch wohlwollend begegnen?",
fragt der allmächtige Herr.
  Maleachi 1,9; NLB

Und selbst wenn ihr euch an ihn wendet, werden eure Bitten nicht erhört, weil ihr in verwerflicher Absicht bittet: Das Erbetene soll dazu beitragen, eure selbstsüchtigen Wünsche zu erfüllen!
Jakobus 4,3; NGÜ

Nicht verstecken!

Wenn uns das Beten schwerfällt, ist es falsch, deshalb gar nicht zu beten. Vielleicht gibt es Dinge in unserem Leben, die uns beim Beten hinderlich sind. Dann ist Beten trotzdem der erste Schritt. Gebet ist immer das Heilmittel, egal welche Not wir haben. Auch wenn uns das Beten Mühe macht, ist es am besten, Gott genau das zu sagen.

Wenn wir uns in der Sünde verfangen, dann hören wir Gottes Stimme nicht mehr und wissen nicht mehr so klar, welche Absichten er hat. Doch Gott reagiert auf Sünde immer mit Gnade, nicht mit Ablehnung. „Gott aber hat uns seine große Liebe gerade dadurch bewiesen, dass Christus für uns starb, als wir noch Sünder waren" (Römer 5,8). Wenn Sünde in unserem Leben ist, dann hat Gott für uns nur eine Antwort: Gnade. Die Gnade bittet uns eindringlich, sie anzunehmen. Gnade wirkt auf sündige Menschen wie ein Magnet. Wenn wir uns mit Sünde herumschlagen, dann gibt es nur eines: zu Gott gehen und ihm im Gebet alles sagen. Jesus starb doch nicht am Kreuz für unsere Sünden, damit wir dann, wenn Sünde in unserem Leben ist, weglaufen und uns verstecken müssen. So haben es Adam und Eva im Paradies gemacht. Doch wir leben im Zeitalter nach dem Kreuz. Jetzt dürfen Sünder in die ausgebreiteten Arme ihres himmlischen Vaters rennen. Keiner muss sich mehr nackt und beschämt ins Gebüsch verkriechen. Gerade wenn wir die Hoffnung verloren haben, weil wir mit der Sünde nicht fertigwerden, dann ist es Zeit, zu unserem Vater im Himmel nach Hause zu kommen.

> Wenn uns das Beten schwerfällt, ist es die falsche Reaktion, deshalb gar nicht zu beten.

Das fordert uns aber auch heraus. Wenn sich da gewisse Sünden bei uns eingenistet haben, müssen wir uns mit ihnen auseinandersetzen. Das kann schmerzhaft sein, aber auch dafür nehmen wir Gnade in Anspruch. In der Folge sind wir nicht nur frei vom schlechten Gewissen, sondern es kommt Heiligkeit in unser Leben. Sie gibt unseren Gebeten wiederum große Durchschlagskraft, wie wir sie bei Josua und Daniel sehen können. Diese beiden Männer legten großen Wert auf persönliche Heiligkeit und ihre Gebete bewirkten Gewaltiges. In ihrem Leben konnte Gott alles umsetzen, was er geplant hatte. Heiligkeit, wie wir sie bei Daniel und Josua sehen, wirkt sich im ganzen Leben aus und katapultiert uns mitten in unser verheißenes Land hinein.

Heiligt euch!

Die meisten von uns wollen ein sinnvolles, zielgerichtetes Leben führen. Wir wünschen uns, dass Gott durch uns gewaltige Dinge tut. Auch die Israeliten sehnten sich nach vierzig Jahren in der Wüste, in denen es ziemlich gleichförmig zuging, nach Gottes Wirken. Sie konnten es kaum noch erwarten, den Jordan zu durchqueren und endlich in dem verheißenen Land zu leben.

Josua hatte von Gott die Aufgabe bekommen, das Volk Israel in das Land zu führen, das Gott ihnen versprochen hatte. „Sei stark und mutig! Denn du wirst das Land einnehmen, das ich euren Vorfahren versprochen habe, und wirst es den Israeliten geben" (Josua 1,6). Jahre davor war Josua einer der Männer gewesen, die Gott als Spione in das Land geschickt hatte. „Der Herr sprach zu Mose: ‚Sende Kundschafter nach Kanaan! Sie sollen sich in dem Land umsehen, das ich euch Israeliten geben will. Such dazu aus jedem Stamm einen angesehenen Mann aus!'" (4. Mose 13,1-2). Von den zwölf Spionen, die Mose losgeschickt hatte, konnten sich nur Josua und Kaleb vorstellen, dass sie mit Gottes Hilfe das Land einnehmen würden. Die anderen zehn Männer waren voller Angst vor den Riesen, die sie dort gesehen hatten. „„Allerdings leben mächtige Völker dort, und ihre Städte sind gewaltige Festungen ... Gegen diese Völker können wir auf keinen Fall antreten. Sie sind viel stärker als wir.' Und sie erzählten den Israeliten die schlimmsten Geschichten über ihre Reise" (4. Mose 13,28+31-32). Dieser Unglaube war in Gottes Augen eine Sünde, deren Auswirkungen verheerend waren. Das ganze Volk musste noch vierzig Jahre warten, ehe sie das Land einnehmen konnten, das Gott für sie vorgesehen hatte. Sünde bewirkt, dass wir die Dinge, die Gott eigentlich für uns geplant hat, nie oder nur verzögert erleben. Entsprechend werden wir mehr Elefanten von Gott bekommen, wenn wir uns mehr um Heiligkeit bemühen.

Vierzig Jahre später stand das Volk Israel dann, unter der Führung von Josua und Kaleb, wieder an den Grenzen des verheißenen Landes. Nun durfte nur die neue Generation mit, die vor vierzig Jahren noch nicht erwachsen gewesen war. „Doch inzwischen lebte niemand mehr, der damals im wehrfähigen Alter gewesen war. Gott hatte ihnen geschworen: ‚Weil ihr nicht auf mich gehört habt, werdet ihr das reiche Land niemals sehen, das ich euren Vorfahren versprochen habe, das Land, in dem Milch und Honig fließen.' Israel musste deshalb vierzig Jahre in der Wüste verbringen, bis von dieser ersten Generation keiner mehr lebte" (Josua 5,4-6). Die älteren Israeliten hatten also ihr Leben damit zugebracht, durch die Wüste zu wandern. Sie haben nie erreicht, was Gott für sie vorbereitet hatte.

Inzwischen war Josua auch vierzig Jahre älter, also zwischen sechzig und achtzig. Nun sollte er dieses Volk in das Land führen, das schon so lange ihr Ziel war. Eines stand für ihn fest: Dieses Mal sollte keine Sünde sie aufhalten. Alles, was für die Landnahme erforderlich war, hatte Josua gut vorbereitet. Aber an einer Stelle war er besorgt. Er wollte keinesfalls riskieren, dass alles wieder an Sünde im Volk und damit an fehlender Heiligkeit scheitern würde. „Dann sprach Josua selbst zum Volk: ‚Reinigt euch, und bereitet euch darauf vor, Gott zu begegnen! Morgen wird er vor euren Augen Wunder tun'" (Josua 3,5).

Wo Heiligkeit herrscht, kann Gott Großes tun. Josua erlebte, dass nichts und niemand Gottes machtvolles Wirken aufhalten konnte, solange das Volk unter Gottes Leitung war. Wenn wir Gottes übernatürliches Handeln in unserem Leben sehen wollen, dann müssen wir bereit sein, uns reinigen zu lassen. Es ist nötig, eine Bestandsaufnahme unseres Lebens zu machen und uns von allem zu trennen, was Gott hindert. Sünde vergiftet unser Leben. An dieser Stelle können wir keine Kompromisse machen. Wir sollen auch nicht nur gerade so viel Heiligkeit anstreben, dass unser schlechtes Gewissen sich wieder beruhigt. Alle Verhaltensweisen, für die wir uns ständig entschuldigen und die wir immerzu erklären und rechtfertigen müssen, sind verdächtig. Wahrscheinlich sind diese Bereiche unseres Lebens nicht wirklich heilig.

Der Startpunkt

Mit Gebet fängt alles an, auch die Heiligung unseres Lebens. Mutig steigen unsere Gebete zum Thron Gottes auf und halten Jesus unsere Schwachstellen hin. Dabei dürfen wir uns daran erinnern, dass Jesus auch die Wunden der Leprakranken berührte. „Jesus hatte Mitleid mit dem Mann. Deshalb streckte er die Hand aus, berührte ihn und sagte: ‚Ich will es tun! Sei gesund!'" (Markus 1,41). Wenn wir Jesus an unsere Wunden lassen, heilt er sie, vielleicht nicht sofort, aber nach und nach. Auch unsere Sünden bringen wir im Gebet ans Licht: „Gott, ich hänge an dieser Sünde. Sie hat mich richtig gefangen genommen. Ehrlich gesagt will ich sie eigentlich gar nicht aufgeben. Bitte mach, dass ich sie loslassen will." Gebet ist der erste Schritt hinein in ein heiliges Leben. Auf unserer Elefanten-Gebetsliste sollte die Bitte um Sieg über die Sünde ganz weit oben stehen.

Auf dem Weg zur Heilung folgt auf das Gebet ein entsprechendes, richtiges Handeln. Theoretisch ist das ganz einfach: Wir müssen einfach das Richtige tun. Das in die Praxis umzusetzen, ist schon schwerer. Oft hilft es, eine Person ins Vertrauen zu ziehen und sie um Hilfe zu bitten. Wenn diese Person zum Beispiel regelmäßig nachfragt, wie es uns beim Aufhören mit einer bestimmten Sünde geht, kann das eine echte Ermahnung und Unterstützung sein. Die Tabletten, von denen wir abhängig sind, spülen wir die Toilette runter, die Pornohefte werden verbrannt. Die Person, mit der wir im Streit sind, rufen wir an und bitten um Vergebung. Wir hören auf, schlecht über andere zu reden, und geben alles zurück, was wir gestohlen haben. Heiligkeit ist – bei aller Überwindung, die uns der Weg dorthin abverlangt – ein einfaches Konzept. Es bedeutet, jetzt sofort das Richtige zu tun.

Das ist extrem wichtig. Wenn wir uns heilgen, kommen wir unseren Lebenszielen schneller nahe, als es mit dem Einsatz von To-do-Listen, Seminaren und Büchern jemals möglich wäre. In einem heiligen Leben werden sich Gottes Pläne und Ziele fast zwangsläufig entfalten.

> In einem heiligen Leben werden sich Gottes Pläne und Ziele fast zwangsläufig entfalten.

Gegen Ende dieses Buches werde ich noch ausführlich auf den Elefanten eingehen, der für unseren Sinn des Lebens steht. Es gibt nicht viele Elefanten, die auf unserer Prioritätenliste so weit oben rangieren wie er. Und es gibt kaum etwas Wichtigeres, als die Ziele, die wir verfolgen und für die wir leben, zu kennen und zu erreichen.

Demut und Sündenbekenntnis

Auch Daniel achtete darauf, in Reinheit vor Gott zu leben, und seine Gebete entfalteten große Kraft. Bei Josua sahen wir, wie er mit dem ganzen Volk den Jordan überqueren und das verheißene Land einnehmen konnte, nachdem sie sich geheiligt hatten. Der Jordan trennte sie zunächst von dem, was Gott für sie hatte. Doch nachdem sie sich gereinigt hatten und heilig waren, teilte sich der Jordan und sie hatten freien Zugang zu allem, wozu Gott sie geschaffen hatte. Sie gingen trockenen Fußes durch den Fluss und direkt hinein in ihre Zukunft.

Gebet aus einem reinen Herzen führt uns direkt in das Leben, das Gott für uns vorbereitet hat. Das gilt für alle unsere Elefanten, um die wir Gott bitten. Wenn wir ein heiliges Leben führen und Gott unsere

Bitten bringen, dann wird Gott einiges in Bewegung setzen. Bei Daniels Begegnung mit dem Erzengel Gabriel bekommen wir einen Einblick in das, was im Himmel passiert, wenn wir beten.

Daniel kam mit einem Gebet der Reue zu Gott und flehte ihn an, die Sünden seines Volkes zu vergeben. Dann bat er darum, dass Gott nicht nur den Tempel, sondern das ganze Volk wiederherstellen würde. Es ging ihm um die Heiligung des ganzen Volkes. Wir können auch so beten wie er.

Der Meder Darius, der Sohn des Xerxes, war König von Babylonien geworden. In seinem 1. Regierungsjahr forschte ich in den heiligen Schriften. Ich las dort, wie der Herr dem Propheten Jeremia ankündigte, dass Jerusalem siebzig Jahre in Trümmern liegen würde. Da flehte ich zum Herrn, meinem Gott, ich fastete, zog ein Trauergewand aus Sacktuch an und streute Asche auf meinen Kopf. Ich bekannte dem Herrn die Schuld unseres Volkes: „Ach Herr, du mächtiger und ehrfurchtgebietender Gott! Du hältst deinen Bund mit uns und erweist Gnade denen, die dich lieben und nach deinen Geboten leben. Doch wir haben gegen dich gesündigt und großes Unrecht begangen! Was du wolltest, war uns gleichgültig! Ja, wir haben uns gegen dich aufgelehnt und deine Gebote und Weisungen umgangen. Die Mahnungen der Propheten schlugen wir in den Wind, dabei haben sie in deinem Auftrag zu unseren Vorfahren, unseren Königen, den führenden Männern und zum ganzen Volk gesprochen."

Daniel 9,1-6

Man müsste ein dickes Buch schreiben, um alle Schätze zu heben, die in diesem Abschnitt stecken. Aber ich will mich auf die wesentlichen Punkte konzentrieren. Als Daniel beim Lesen der Heiligen Schriften klar wurde, wie sehr sein Volk gesündigt hatte, bat er Gott um Vergebung. Um seine Reue vor Gott sichtbar zu machen, fastete er und ging in Sack und Asche. Damit brachte er seine Demut vor Gott zum Ausdruck.

Als die Gebete dieses Mannes, der sich demütigte und heiligte, vor Gott kamen, geschahen bemerkenswerte Dinge. Ich bin überzeugt, dass unsere Gebete schnell wirksam werden, wenn wir uns genauso demütigen, unsere Sünde bekennen und ein reines Leben führen.

So betete ich und bekannte dem Herrn meine Schuld und die Schuld meines Volkes. Ich flehte ihn an, sein Heiligtum auf dem Berg Zion wieder aufbauen zu lassen. Noch während ich betete, eilte der Engel Gabriel herbei, den ich schon früher in meiner Vision gesehen hatte. Es war gerade die Zeit des Abendopfers. „Daniel", sagte er zu mir, „ich bin gekommen, um deine Fragen zu beantworten."
Daniel 9,20-23

Ich mag diese Stelle sehr. Gott konnte es tatsächlich nicht abwarten, bis Daniel mit seinem Gebet fertig war, so sehr freute er sich darauf, ihm zu antworten. Während Daniel noch betete, schickte Gott schon den Engel Gabriel zu ihm. Das zeigt uns, dass es für Gott nicht wichtig ist, wie lang und wie vollständig unsere Gebete sind. Er sieht immer auf das Herz. Als er sah, wie tief Daniel über die Sünde bekümmert war, wie sehr er seinen eigenen Willen dem göttlichen Willen unterordnete und wie demütig er vor Gott war, da hatte Gott es sehr eilig mit seiner Antwort. Eine ähnliche Aussage finden wir auch im Buch Jesaja: „Und es soll geschehen: Ehe sie rufen, will ich antworten; wenn sie noch reden, will ich hören" (Jesaja 65,24).

Gott ist es wichtig, auf unsere Gebete zu antworten. Doch das Gegenteil ist auch wahr. Wenn wir nicht nach seinen Geboten leben, kann er unsere Gebete nicht beantworten. Dabei verlangt er nicht unsere Vollkommenheit, dafür ist Jesus schon gestorben. Aber er erwartet von uns, dass wir ihm unsere Sünden immer wieder bekennen und uns fest vornehmen, rein und heilig vor Gott leben zu wollen.

Feindliche Riesen

Werfen wir noch einmal einen Blick auf diese Dinge, von denen wir wissen, dass sie falsch sind, und die uns peinlich sind. Ihretwegen kann Gott nicht so umfassend auf unsere Gebete reagieren, wie er das eigentlich tun möchte. Es wäre sehr viel angenehmer, diese Themen zu umgehen, aber das geht nicht. Die Bibel ist ein ehrliches Buch und wir müssen alle Aspekte betrachten, auch die dunkleren.

Der Zusammenhang zwischen Sünde, Heiligkeit und Gebet kann sich zu einem feindlichen Riesen entwickeln – wie die Riesen, denen die Israeliten sich gegenübersahen. Wenn Schuld und Scham von Satan entsprechend eingesetzt werden, kann das dazu führen, dass wir aufgeben und gar nicht mehr versuchen, ein Leben nach Gottes Vorstellungen zu führen.

So ging es mir jahrelang mit den Sätzen aus dem Jakobusbrief. „Wenn ihr freilich Gott nur darum bittet, eure selbstsüchtigen Wünsche zu erfüllen, wird er euch nichts geben" (Jakobus 4,3). Sobald ich an diese Bibelstelle dachte, wollte ich gar nicht mehr beten. Vor allem die Gebetsanliegen, die mir besondere Freude gemacht hätten, strich ich aufgrund dieses Verses komplett. Einige davon habe ich in diesem Buch schon erwähnt. Für mich bedeutete diese Bibelstelle, dass ich mir nichts von Gott wünschen durfte, was einfach nur zu meiner persönlichen Freude gewesen wäre. Ich dachte, Gott ist gegen Dinge, die mir Spaß machen und keinen tieferen Sinn haben.

Wenn ich dann noch an das dachte, was Jakobus an Anfang seines Briefes schrieb, verlor ich die letzte Hoffnung, jemals einen Elefanten zu Gesicht zu bekommen. „Betet aber in großer Zuversicht, und zweifelt nicht; denn wer zweifelt, gleicht den Wellen im Meer, die vom Sturm hin- und hergetrieben werden. Ein solcher Mensch kann nicht erwarten, dass Gott ihm etwas gibt. In allem, was er tut, ist er unbeständig und hin- und hergerissen" (Jakobus 1,6-8). Wenn ich also nur einen Hauch von Zweifel bei mir entdeckte, war ich in Gottes Augen ein unbeständiger Mensch, dem Gott nichts gab. Niederschmetternd!

Doch es gibt beim Bibellesen eine wichtige Grundregel: Bei jedem Satz aus der Bibel muss man zum einen den Textzusammenhang anschauen, zum anderen jede Aussage auch mit anderen biblischen Aussagen abgleichen. Unter diesem Aspekt lesen wir noch einmal den Jakobus-Text:

Wieso gibt es denn bei euch so viel Kämpfe und Streitigkeiten? Kommt nicht alles daher, dass ihr euren Leidenschaften und Trieben nicht widerstehen könnt? Ihr wollt alles haben und werdet nichts bekommen. Ihr seid voller Neid und tödlichem Hass; doch gewinnen werdet ihr dadurch nichts. Eure Streitigkeiten und Kämpfe nützen euch gar nichts. Solange ihr nicht Gott bittet, werdet ihr nichts empfangen. Wenn ihr freilich Gott nur darum bittet, eure selbstsüchtigen Wünsche zu erfüllen, wird er euch nichts geben. Ihr Treulosen! Ist euch denn nicht klar, dass Freundschaft mit der Welt zugleich Feindschaft mit Gott bedeutet? Wer also ein Freund dieser Welt sein will, der wird zum Feind Gottes. Oder meint ihr, die Heilige Schrift sagt ohne jeden Grund: „Leidenschaftlich wünscht sich Gott, dass der Geist, den er in uns wohnen lässt, ganz ihm gehört"? Aber was Gott uns schenken will, ist noch viel mehr. Darum heißt es auch: „Die Hochmütigen weist Gott von sich; aber er hilft denen, die wissen, dass sie ihn brauchen."
Jakobus 4,1-6

Nun sehen wir den Zusammenhang. Jakobus spricht hier Christen an, die sich aus der Beziehung zu Gott zurückgezogen und sich dem gottlosen Leben wieder geöffnet haben. So macht das Ganze mehr Sinn. Wenn wir uns über alle göttlichen Gebote hinwegsetzen, weil es uns nur um unseren Spaß geht, dann wird Gott Mühe haben, unsere Gebete zu erhören. So gesehen richtet sich dieser Text an Christen, die nicht mehr nach Gottes Willen streben und sich im Zweifel lieber ein Hintertürchen offen halten, als Gott vorbehaltlos zu vertrauen.

Trotzdem ist er auch für alle anderen von uns eine wichtige Passage, denn Gott kann durch jede Bibelstelle zu uns reden. „Denn die ganze Heilige Schrift ist von Gott eingegeben. Sie soll uns unterweisen; sie hilft uns, unsere Schuld einzusehen, wieder auf den richtigen Weg zu kommen und so zu leben, wie es Gott gefällt" (2. Timotheus 3,16). Auch wenn Jakobus also an Menschen schrieb, die vom Glauben abgekommen waren, ermahnt er uns alle, dass sich unsere Gebete nicht ausschließlich um unsere eigenen Wünsche drehen dürfen.

Integrität

Es war im Jahr 1994, als ich eine Konferenz für Jugendmitarbeiter in San Francisco besuchte. Einer der Redner war Richard Dortch, ein Mann, dessen Integrität einst zerstört gewesen war. In den Achtzigerjahren gehörte er zum Vorstand eines bekannten christlichen Fernsehsenders. Dann kam heraus, dass der prominente Sprecher des Senders, Jim Bakker, sowohl im Umgang mit Spenden als auch auf sexuellem Gebiet alles andere als gottgefällig gelebt hatte. Eine Welle der Entrüstung erschütterte die USA und vernichtete unter anderem auch das Leben und die Karriere von Richard Dortch.

Auf dieser großen Konferenz erzählte er öffentlich, dass auch er jahrelang ein Doppelleben geführt und vor den Kameras eine andere Identität gehabt hatte als privat. Seit er seine Haftstrafe verbüßt hatte, reiste er nun durchs Land, um überall zur Integrität aufzurufen.

Was er uns damals sagte, gehört zu den Predigten, die ich nie vergessen werde. Seither sind zwanzig Jahre vergangen. In vielen Entscheidungen habe ich mich immer wieder an seine Worte erinnert, die mir im geistlichen Dienst und im ganzen Leben zu einer Richtschnur geworden sind. Am Ende dieses Kapitels möchte ich einige der Gedanken wiedergeben, die ich damals von Richard Dortch hörte.

So erklärte er, dass schweres persönliches Versagen nicht aus heiterem Himmel kommt. Dem geht ein längerer Prozess voraus, in dem man sich allmählich immer weiter von dem entfernt, was man eigentlich für richtig hält. Er erzählte, dass die millionenschwere Unterschlagung von Spendengeldern damit begonnen hatte, dass er Büroklammern mit nach Hause nahm, von denen er wusste, dass sie nicht ihm, sondern der Organisation gehörten. Dann sagte er: „Glas ist ein gutes Bild für Integrität. Glas ist stabil, aber durchsichtig. Man kann durch Glas hindurchsehen. So soll unser Leben auch sein – es muss möglich sein, dass jeder komplett hindurchsehen kann."

Am Ende seiner Botschaft berichtete er, dass er bei seiner Inhaftierung überrascht feststellte, dass außer ihm noch acht weitere Pastoren hinter Gitter saßen. Seither bete ich, dass Gott mit seiner Gnade mich vor Sünde bewahrt, und ich habe mir fest vorgenommen, nach Heiligkeit zu streben, um nie im Gefängnis zu landen.

Ich hoffe, dass diese wenigen Gedanken einiges bewirken werden. Sie können dazu beitragen, dass Ehen nicht auseinanderbrechen und dass Menschenleben, Firmen und geistliche Werke vor dem Untergang bewahrt werden. Wenn wir erkennen, dass die Glasscheibe unseres Lebens nicht wirklich durchsichtig, sondern eher beschlagen ist, dann ist Gebet der erste Schritt. Dabei sollten wir nicht nur um Vergebung bitten, sondern auch um den Mut, die eigene Integrität wiederherzustellen, und zwar um jeden Preis. Wenn Gott uns dann in die Ölpresse seiner Wahrheit legt, dann wird unser Leben hinterher extra-native Qualitätsmerkmale aufweisen. Jakobus schrieb nämlich auch:

Leidet jemand unter euch? Dann soll er beten! Hat einer Grund zur Freude? Dann soll er Gott Loblieder singen. Wenn jemand von euch krank ist, soll er die Gemeindeleiter zu sich rufen, damit sie für ihn beten und ihn im Namen des Herrn mit Öl salben. Wenn sie im festen Vertrauen beten, wird der Herr dem Kranken helfen. Er wird ihn aufrichten und ihm vergeben, wenn er Schuld auf sich geladen hat. Bekennt einander eure Sünden und betet füreinander, damit ihr geheilt werdet. Denn das Gebet eines Menschen, der nach Gottes Willen lebt, hat große Kraft.
Jakobus 5,13-16

9 Wir sind die Antwort

Bete, als ob alles von Gott abhinge,
und arbeite, als ob alles von dir abhinge.
  Augustinus

Entweder wir glauben an die Wirksamkeit des Gebets oder wir halten es für einen dummen Aberglauben. Es gibt keinen Mittelweg. In der Regel gehen Christen von der Realität des Gebets aus und leben und beten entsprechend. Allerdings beziehen sich Gebete manchmal nur auf geistliche Themen. Wenn es um den konkreten Alltag geht, nehmen wir die Dinge oft selbst in die Hand und breiten im Gebet nur noch eine Decke des Segens über unsere Pläne und Aktivitäten.

Früher war das anders. Der Glaube an Gott und das Beten gehörte für die meisten Menschen zum Alltag. Es gab viele ganz normale Menschen, die eng mit Gott verbunden waren und viel beteten. Gott hat den Menschen die Möglichkeit des Betens geschenkt, weil er dadurch die Realitäten der unsichtbaren Welt in unsere sterbliche, vergängliche Welt einbringen kann.

In unserer Gesellschaft war der Aberglaube vom christlichen Glauben lange Zeit klar getrennt. Abergläubische Menschen achten auf schwarze Katzen und Schornsteinfeger, sie gehen nicht unter Leitern hindurch und setzen sich nicht auf Platz dreizehn. Christen glauben an den Gott der Bibel. Im Jahr 1828 schrieb Noah Webster noch eine Definition, wonach Aberglaube eine Abart des Glaubens sei und zu Dingen ermutige, die Gott nicht verlangt. Damals gab es also auch eine klare Vorstellung von dem, was Gott von den Menschen wollte.

In jüngster Zeit verschwimmen die Grenzen zwischen Aberglaube und religiösem Glauben jedoch immer mehr. Wenn man heute an Dinge wie Astrologie, Hexerei, Wahrsagerei, Kontakt mit Geistwesen und Ähnliches glaubt, dann wird das als Glaube an Unsichtbares und Unerklärliches definiert. Der christliche Glaube ist dann einfach nur eine weitere Form dieses Glaubens an unsichtbare Kräfte und Mächte.

Wer heute in der westlichen Welt von übernatürlichen Phänomenen spricht, wird nicht zwangsläufig schief angeguckt. Die Existenz einer unsichtbaren Welt können sich viele vorstellen. Allerdings wird auch alles Christlich-Religiöse dieser Sparte zugeordnet. Mit übernatürlichen Phänomenen meint man Kräfte, die außerhalb unserer sichtbaren Welt existieren und in unserer Welt wirksam werden können. Christen, die an Gebet glauben, wirft man einfach mit Menschen in einen Topf, die an Spuk und Gespenster glauben. Denn Gläubige gehen in der Regel davon aus, dass sich aufgrund ihres Gebets bestimmte Dinge ereignen. Dazu zählt auch die Erwartung, dass ein Kind einen bestimmten Klassenlehrer bekommt, weil man dafür gebetet hat.

Doch immer noch gilt in der westlichen Welt: Was man sehen und berechnen kann, ist viel wichtiger als alles Unsichtbare. Dinge, die man anfassen kann, sind real, alles andere bleibt vage. Unsere Erde dreht sich und alle Kräfte, die auf sie einwirken, sind naturwissenschaftlich erklärbar. Nur was unsere Sinne wahrnehmen, zählt. Aber dass die Gebete, die wir an einen unsichtbaren Gott richten, jemals irgendwo ankommen, bezweifeln die meisten.

Die Realität des Glaubens

Was heute einfach mit Aberglauben vermischt wird, nennt die Bibel Glauben. „Der Glaube ist der tragende Grund für das, was man hofft: Im Vertrauen zeigt sich jetzt schon, was man noch nicht sieht" (Hebräer 11,1).

Was wir glauben, befindet sich nicht in der Zukunft, sondern es zeigt sich jetzt schon, ehe wir es mit den körperlichen Sinnen wahrnehmen können. Als Thomas nicht glauben konnte, dass Jesus lebte, zeigte dieser ihm seine Narben. Für uns heute hat der Glaube dieselbe Funktion: Er zeigt uns die Dinge, wie wir mit den Augen nicht sehen können.

Thomas, einer der zwölf Jünger, der auch Zwilling genannt wurde, war nicht dabei. Deshalb erzählten die Jünger ihm später: „Wir haben den Herrn gesehen!" Doch Thomas zweifelte: „Das glaube ich nicht! Ich glaube es erst, wenn ich seine durchbohrten Hände gesehen habe. Mit meinen Fingern will ich sie fühlen, und meine Hand will ich in die Wunde an seiner Seite legen." Acht Tage später hatten sich die Jünger wieder versammelt. Diesmal war Thomas bei ihnen. Und obwohl sie die Türen wieder abgeschlossen hatten, stand Jesus auf einmal in ihrer Mitte und grüßte sie: „Friede sei mit euch!" Dann wandte er sich an Thomas: „Leg deinen Finger auf meine durchbohrten Hände! Gib mir deine Hand und leg sie in die Wunde an meiner Seite! Zweifle nicht länger, sondern glaube!" Thomas antwortete: „Mein Herr und mein Gott!" Jesus sagte zu ihm: „Du glaubst, weil du mich gesehen hast. Wie glücklich können erst die sein, die mich nicht sehen und trotzdem glauben!"
   Johannes 20,24-29

In der Einheitsübersetzung heißt es: „Glaube aber ist: Feststehen in dem, was man erhofft, Überzeugtsein von Dingen, die man nicht sieht." Und in der Elberfelder Bibel steht: „Der Glaube aber ist eine Wirklichkeit dessen, was man hofft, ein Überführtsein von Dingen, die man nicht sieht." Es wird deutlich, dass der Glaube kein verschwommenes Gefühl, sondern eine Realität ist, auf der man fest stehen kann.

Je mehr wir beten, desto mehr werden wir von dieser Realität erfahren. Beim Beten wächst unser Glaube, weil es unmöglich ist, ohne Glauben zu beten. Die bloße Tatsache, dass wir beten, braucht ja schon den Glauben, dass es jemanden gibt, er uns hört. Andererseits wird unser Leben immer wackeliger, je mehr wir uns auf die vergänglichen Dinge konzentrieren. Die ewigen Dinge, die für immer Bestand haben, sind also realer und verlässlicher als die vergänglichen. Paulus schrieb: „Was bleibt, sind Glaube, Hoffnung und Liebe. Die Liebe aber ist das Größte" (1. Korinther 13,13).

Beim Beten holen wir die ewigen Dinge in unsere Welt und stehen dadurch auf festerem Boden, als wenn wir uns nur in der sichtbaren Welt bewegen. Doch da ist etwas, das ich oft beobachte und nicht verstehe, auch bei mir selbst: Manchmal beten wir zwar, aber gleichzeitig glauben wir nicht, dass dadurch wirklich etwas passiert. Komisch, oder? Für mich ist das, als ob ich mir zutraue, über den Grand Canyon zu springen, aber Angst habe vor dem Abstand zwischen Zug und Bahnsteigkante. Ist es nicht ein viel größerer Schritt, an die Existenz Gottes zu glauben, als zu glauben, dass er uns hört, wenn wir mit ihm sprechen?

Jeder kennt den Satz: „Bitte achten Sie auf den Abstand zwischen Zug und Bahnsteigkante!" Da geht es um die paar Zentimeter zwischen dem Waggon und dem Bahnsteig. Es ist nur ein schmaler Spalt, aber wer nicht aufpasst, kann sich den Fuß einklemmen und festhängen, wenn die Bahn losfährt. Ich habe beim Beten immer wieder Mühe, diesen kleinen Spalt zu überwinden. Kann ich mir ernsthaft vorstellen, dass aufgrund meiner Gebete bestimmte Dinge passieren? Immer wieder kämpfe ich gegen die Vorstellung an, dass der allmächtige Gott ohnehin tut, was er will, unabhängig von dem, was ich bete.

Das ist ja auch nicht ganz falsch. Gott ist allmächtig und er tut, was er will. Aber vielleicht gibt es für ihn verschiedene Möglichkeiten, seinen Willen auszuführen. Vielleicht hat er sich selbst innerhalb seines großen Plans einen Handlungsspielraum gelassen? Auch der französische Mathematiker und Philosoph Blaise Pascal war dieser Überzeugung und nannte das die „Würde der Ursächlichkeit", die Gott uns verliehen hat. Damit meinte er, dass Gott viele Wege gehen kann, um sein ewiges Ziel zu erreichen. Und die, die sich durch das Gebet seinem Willen unterstellen, können mitbestimmen, welchen Weg er nimmt. Das Ziel bleibt dasselbe, aber wie es erreicht wird, darauf haben wir im Gebet Einfluss.

Ein Beispiel für dieses Konzept der Ursächlichkeit finden wir beim Propheten Hesekiel. Dort spricht Gott: „Ich suchte einen Mann, der für das Land einen Schutzwall baut und die Lücken in den Mauern ausbessert, damit es gewappnet ist, wenn ich es zerstören will. Doch ich fand keinen" (Hesekiel 22,30). Der Satz klingt erst mal so, als ob Gott hier Ausschau nach einem menschlichen Mitarbeiter halten würde, der mit ihm das Land rettet und sein Königreich auf Erden etabliert. Aber könnte es sein, dass das nur poetische, bildhafte Sprache ist, um den Text spannender zu machen?

Wie wir diese und andere Bibelstellen auffassen, hat Einfluss darauf, ob wir an die Wirksamkeit und Ursächlichkeit des Gebets glauben. Und natürlich auch darauf, wie weit Gott uns in sein Handeln einbezieht. Der Zusammenhang ist einfach: Je mehr wir beten, desto mehr kann Gott uns mitarbeiten lassen.

Pfannkuchenbacken mit Gott

Der Gedanke, dass ich mit Gott zusammen Dinge aushecken kann, gefällt mir sehr. Dann komme ich mir vor wie meine vierjährige Lucy, wenn sie mir beim Pfannkuchenbacken hilft. Ich bin ja in der Gastronomie aufgewachsen und habe schon früh gelernt zu kochen. Das reicht zwar nicht, um Chefkoch zu werden, aber für den Hausgebrauch ist es super. Zu meinen Aufgaben bei uns zu Hause zählen die Pfannkuchen zum Samstagsfrühstück. Dieses Frühstück zelebrieren wir, da geht es nicht nur um Sattwerden. Meine Pfannkuchen sind wirklich ein Fest, besonders die mit Banane.

Fast immer läuft das Ganze so: Ich habe noch nicht einmal das Mehl aus dem Schrank genommen, schon ist Lucy da und will helfen. Sie hat immer tolle Vorschläge und plappert gleich los: „Machen wir heute Schokoladenstückchen und Erdnussbutter rein, Papa?", oder „Nimm doch mal Heidelbeeren und Erdbeersirup!" Lucy liebt es, sich an der Aktion zu beteiligen.

Die Sache ist: Ich bin es, der bestimmt hat, dass es an diesem Tag Pfannkuchen geben wird. Ob Lucy mir hilft oder nicht, ist allein ihre Entscheidung. Wenn sie dabei ist, werden es andere Pfannkuchen, als wenn ich allein in der Küche stehe. Wenn wir dann alle am Tisch sitzen, strahlt sie ihre Mama und ihre große Schwester an: „Schaut mal, was Papa und ich gemacht haben!" Ihr selbst schmeckt es dann immer am besten, weil ihre eigenen Ideen ins Pfannkuchenmachen eingeflossen sind. Ich glaube und habe erfahren, dass es beim Beten ganz ähnlich funktioniert. Und wenn der Gebetspfannkuchen fertig ist, dürfen wir dankbar und mit Begeisterung rufen: „Schaut mal, was Gott und ich zusammen gemacht haben!"

C. S. Lewis schildert in einem seiner Bücher, wie er einen geplanten Friseurbesuch verschieben wollte, weil er so viel zu tun hatte. Plötzlich spürte er ein inneres Drängen, doch zu gehen. Es war so intensiv, dass er es nicht ignorieren konnte. Also machte er sich auf den Weg. Beim Friseur angekommen, erzählte dieser ihm, dass er kurz zuvor gebetet hatte, Lewis möge doch vorbeikommen. Darüber dachte Lewis nach und kam zu folgender Erklärung:

Ehrfurcht erfüllte mich und tut es immer noch. Natürlich gibt es keinen wissenschaftlich gültigen Beweis für den Zusammenhang zwischen dem Gebet des Friseurs und meinem Besuch in seinem Salon. Vielleicht war es Gedankenübertragung? Oder Zufall?

Doch es stellt sich die Frage: „Ist es überhaupt möglich, die Wirksamkeit des Gebets nachzuweisen?" Wenn etwas geschieht, für das wir gebetet haben, könnte es ja auch sein, dass es ohnehin geschehen wäre, unabhängig von unserem Gebet. Selbst wenn etwas eindeutig Übernatürliches geschieht, muss es nichts mit dem Gebet zu tun haben. Hier versagen Beweise mit naturwissenschaftlichen Methoden.

Aber nicht nur wenn wir beten, sondern bei allem, was wir tun, lässt Gott uns Teil seines Handelns sein. Genau wie mein Beten die Entwicklung der Ereignisse beeinflusst, so tut es auch mein Handeln. Ich kann Gott damit nicht umstimmen oder seinen Willen beeinflussen. Aber die Gebete und Taten seiner Jünger haben einen Einfluss darauf, wie er seinen Willen ausführen wird.[13]

William Temple sagte das Gleiche in anderen Worten: „Wenn ich bete, passieren Zufälle, wenn ich nicht bete, bleiben sie aus." Auch Billy Graham hat sich zum Thema Pfannkuchenbacken mit Gott geäußert: „Im Himmel lagern viele Gebetserhörungen, die nicht abgeholt wurden." Das erinnert mich an die Geschichte, die ich in Kapitel 3 erzählt habe.

Lewis hat recht, man kann nicht wirklich beweisen, dass Gebete erhört werden. Vielleicht ist der Pfannkuchen längst fertig und wartet darauf, bei dem großen Fest serviert zu werden, wenn Jesus seine Gemeinde in den Himmel holt. In der Offenbarung wird das als das Hochzeitsmahl des Lammes bezeichnet. Wenn das so ist, habe ich kein Problem damit. Ich vertraue Gott. Aber vielleicht wirkt Gott doch auf unsere Gebete hin? Vielleicht gebraucht er sie, um unser Leben zu gestalten und die Geschichte der Menschheit zu lenken? Ich möchte eines Tages, wenn ich im Himmel ankomme, nicht Regale voller Gebetserhörungen sehen, die ich nicht auf die Erde heruntergebetet habe, voller Dinge, die Gott in meinem Leben tun wollte und die nie zustande kamen. Vielleicht gäbe es heute noch die Berliner Mauer, wenn nicht unzählige Menschen friedlich und entschlossen dagegen angebetet hätten? Wer weiß?

Sei Gottes Antwort!

Es gibt keine bessere Art, Gottes Mitarbeiter zu sein, als durch Gebet. Wenn unsere Gebete aufsteigen, antwortet Gott. Gleichzeitig entwickeln wir beim Beten eine Vorstellung von dem, was er tun möchte. Oft werden wir dann motiviert, mehr zu tun, als nur zu beten. Gebet ist der Knotenpunkt zwischen Glaube und Tat.

Unsere Gebete richten sich nicht nur an Gott, sondern auch an uns selbst und an alle Gläubigen, die mit Gott zusammen auf eine Not reagieren. Wir haben den Auftrag, für unsere Elefanten zu beten, aber wir sollen uns auch auf die Socken machen und ihnen nachjagen – immer unter der Leitung des Heiligen Geistes.

Es gibt Zeiten, in denen Gott möchte, dass wir nur beten und nichts weiter tun, als auf sein Eingreifen zu warten. Aber nirgends finden wir in der Bibel die Aussage, dass dies grundsätzlich so gilt. Die Bibel ist voller Appelle an ihre Leser, sich in Bewegung zu setzen. Wir finden auch die Aufforderung zu warten, aber oft heißt es, wir sollen losgehen. Sagte Jesus in seinen Abschiedsworten, dass wir darauf warten sollen, bis die Menschen zu uns kommen, damit wir sie zu Jüngern machen können? Nein, der Missionsbefehl schickt uns in alle Welt. Wir sollen Gottes Antwort für die Menschen sein, die ihn noch nicht kennen. Die Apostel beteten nicht nur für die Menschen auf der ganzen Welt und warteten dann in Jerusalem ab, was Gott tun würde. Sie hielten nur so lange die Füße still, bis Gott sie mit dem Heiligen Geist erfüllt hatte. Aber dann machten sie sich auf den Weg und fingen an, für die Erhörung ihrer Gebete zu arbeiten. Fast alle gingen so weit, ihr Leben als Märtyrer zu geben, um für die Menschen Gottes Antwort zu sein.

> Gebet ist der Knotenpunkt zwischen Glaube und Tat.

Das gilt auch für uns. Wir sollen nicht nur beten, sondern auch betend losgehen und handeln. Natürlich ist das kein Appell an eigene Leistung und von Gottes Handeln losgelöste Anstrengung. Aber unsere Gebete haben es nötig, dass wir ihnen Hände und Füße geben. *Unsere* Hände und Füße.

Wenn Jesus uns auffordert, um alles zu bitten, was wir wollen, ist dieser Aspekt inbegriffen. Er erwartet von uns auch, in die Richtung der erwünschten Gebetserhörungen zu gehen. Damit leben und handeln wir entsprechend unserem Glauben, der uns überhaupt erst beten lässt und der unsere Lebensrealität ist.

Abraham hat es auch so gemacht. Er hielt die ganze Zeit am Glauben fest und ging gleichzeitig in die Richtung der Gebetserhörung. „Der Herr sagte zu Abram: ‚Geh fort aus deinem Land, verlass deine Heimat und deine Verwandtschaft, und zieh in das Land, das ich dir zeigen werde!'" (1. Mose 12,1). Sogar im Neuen Testament wird darauf Bezug genommen: „Auch Abraham glaubte fest an Gott und hörte auf ihn. Als Gott ihm befahl, in ein Land zu ziehen, das ihm erst viel später gehören sollte, verließ er seine Heimat. Dabei wusste er überhaupt nicht, wohin er kommen würde" (Hebräer 11,8).

Abraham ging im Glauben direkt hinein in das, was Gott ihm versprochen hatte. Genau das sollen wir auch tun. Wir dürfen uns von Gott leiten lassen in den Schritten, die wir parallel zu unseren Gebeten unternehmen. Es wäre falsch, zu glauben, zu beten und dann immer nur passiv auf Gottes Handeln zu warten.

Dort, wo die Elefanten sind

Vor einiger Zeit hatte ich eine Diskussion mit einem Freund. Es ging um meine Elefantengeschichte. Er meinte, es sei kein wirklich großes Wunder, in Thailand einem Elefanten zu begegnen. Erst wenn der Elefant zu mir nach Hause gekommen wäre, dann wäre das wirklich ein Wunder gewesen. Er fand das alles ziemlich lustig, aber ich kam ins Grübeln. Doch je länger ich über sein Argument nachdachte, desto weniger Sinn machte es für mich. Wir finden Elefanten, wenn wir dorthin gehen, wo Elefanten sind. Wer einen Elefanten sehen will, wird sich in Indien und Afrika leichter tun als in Polen oder Finnland.

Die ersten Christen haben diesen Zusammenhang verstanden. Sie beteten nicht nur für Elefanten, sie waren auch bereit, dorthin zu gehen, wo diese waren. Oft genug taten sie genau das, wofür andere gebetet hatten. Ich möchte darauf etwas genauer eingehen.

Auch in der ersten Gemeinde gab es viele Nöte, genau wie bei uns. Da gab es die Witwen und Waisen, um die man sich kümmern musste. Es gab Gläubige, die bettelarm waren, dazu kamen die Kranken und Alten, die versorgt werden mussten. In der folgenden Bibelstelle lesen wir, wie die erste Gemeinde damit umging: „Eine tiefe Ehrfurcht vor Gott erfüllte sie alle. Er wirkte durch die Apostel viele Zeichen und Wunder. Die Gläubigen lebten wie in einer großen Familie. Was sie besaßen, gehörte ihnen gemeinsam. Wer ein Grundstück oder anderen Besitz hatte, verkaufte ihn und half mit dem Geld denen, die in Not waren" (Apostelgeschichte 2,43-45).

Die Menschen in der Gemeinde, die für diese Nöte beteten, trugen auch kräftig dazu bei, sie zu beheben. Sie haben Suppenküchen eingerichtet (Apostelgeschichte 6,1-4) und für die Christen in Jerusalem Geld gesammelt (2. Korinther 8,1-5). Sie beteten und dann dienten sie denen, für die sie gebetet hatten.

Dieser Aspekt gehört zur Geschichte des Elefanten unbedingt dazu. Ich bin überzeugt, dass wir die meisten Elefanten, um die wir Gott bitten, auch haben können. Sie warten auf uns. Aber wir müssen es wie die ersten Christen machen, wir müssen losgehen und sie holen.

Es macht keinen Sinn, für Obdachlose zu beten, ohne ihnen Essen und Decken zu bringen. Genauso falsch wäre es, für die Missionare unserer Gemeinde nur zu beten. Sie brauchen auch unsere finanzielle Unterstützung. Es kann sein, dass Gott uns auch zum Elefanten für andere macht, zum Beispiel wenn wir das Kind aufnehmen, das sich von Gott eine Familie gewünscht hat.

Das muss Jakobus gemeint haben, als er über Glaube und Werke schrieb. „Liebe Brüder und Schwestern! Welchen Wert hat es, wenn jemand behauptet, an Christus zu glauben, aber an seinen Taten ist das nicht zu erkennen! Kann ihn ein solcher Glaube vor Gottes Urteil retten? Stellt euch vor, in eurer Gemeinde sind einige in Not. Sie haben weder etwas anzuziehen noch genug zu essen. Wenn nun einer von euch zu ihnen sagt: ‚Ich wünsche euch alles Gute! Hoffentlich bekommt ihr warme Kleider und könnt euch satt essen!', was nützt ihnen das, wenn ihr ihnen nicht gebt, was sie zum Leben brauchen?" (Jakobus 2,14-16).

Sagt diese Bibelstelle nicht auch, dass Beten ohne Taten nichts nützt? Gebet ist die Plattform, auf der Glaube ausgeübt wird. Wenn eine alleinerziehende Frau aus der Gemeinde einen Handwerker braucht, ihn aber nicht bezahlen kann, dann reicht es nicht, für ihre Finanzen zu beten, sondern jemand muss den Werkzeugkasten in die Hand nehmen und zu der Frau hinfahren. Wir sollten uns angewöhnen, nicht nur zu sagen: „Ich bete für dich", sondern auch zu fragen: „Wie kann ich dir helfen?"

Wir sollten immer bereit sein, für andere zu Elefanten zu werden.

Ich bin ein Elefant!

Vor einigen Wochen schrieb eine Frau auf unserer Homepage, sie hätte gerne Gebet dafür, dass sie zum sechsten Geburtstag ihrer Tochter mit dieser ins Disneyland fahren könne. Ihr fehle aber das Geld dafür. Wie meistens, wenn Anliegen dieser Art veröffentlicht werden, fügte sie noch hinzu, dass sie so etwas nicht schreiben würde, wenn ich sie nicht direkt dazu ermutigt hätte. Es ist ja bekannt, dass ich es falsch finde, Gebetsanliegen zu filtern und manches nicht zu erbitten, weil wir ein schlechtes Gewissen haben oder weil unsere Wünsche uns unnötig erscheinen.

Dann geschah etwas Erstaunliches. Schon ein paar Stunden später meldete sich jemand mit der Frage, an welche Adresse sie die beiden Tickets schicken dürfe, die sie für die Mutter und ihre Tochter gekauft habe. Natürlich ist das keine Hilfe für die vielen verhungernden Kinder auf der Welt. Aber das ist Gemeindeleben praktisch, so wie Gott sich das gedacht hat. So wird die Schönheit der Gemeinde sichtbar.

Diese Geschichte inspirierte andere, ebenfalls selbst als Elefanten in Erscheinung zu treten. Eine Frau bat auf unserer Facebook-Seite, dass wir für ihren verspannten Nacken beteten. Da meldete sich eine Physiotherapeutin aus der Gemeinde und bot ihr eine kostenlose Massage an. Jemand anderes brauchte Gebetsunterstützung für ein Auto und bekam daraufhin ein Auto geliehen.

Menschen, die auf die Gebetsanliegen anderer reagieren, bezeichne ich als Elefantenjäger. Wer sich in unserem sozialen Netzwerk bewegt, weiß genau, was ich meine. Inzwischen haben wir schon eine ganze Reihe von Lesern, die immer auf der Suche sind nach Gebetsanliegen, die sie selbst erfüllen können.

Um es noch einmal zusammenzufassen: Ein Gebet ist nicht etwas, das man sich selbst überlässt, nachdem es ausgesprochen wurde. Vielmehr beginnt die Wirksamkeit von Gottes Reich, nachdem ein Gebet ausgesprochen wurde. Wir wissen, dass Abraham Lincoln gebetet hat, dass die Sklaverei in den USA endlich abgeschafft werden möge. Aber genau wie William Wilberforce in England wartete er nicht passiv auf die Erhörung seiner Gebete, sondern unternahm mutige Schritte in die Richtung, die er sich im Gebet von Gott gewünscht hatte.

So sollen auch wir leben und Dinge in Bewegung setzen, die in Ewigkeit Bestand haben. Als Bürger im Reich Gottes beten wir zuerst, und dann gehen wir los, nehmen die Kraft Gottes in Anspruch und tragen zur Erhörung unserer Gebete bei. Wo das möglich ist, werden wir selbst zu Elefanten.

Lieber Adam!
Ich möchte dir gerne mitteilen, wie dankbar ich für unser gestriges Gespräch bin. Wie ich dir sagte, ist mein Mann so krank geworden, dass er nicht mehr arbeiten kann. Auf deinen Rat hin schrieb ich eine E-Mail an die Frau, von der du meintest, dass sie uns helfen könne. Kurz darauf rief sie mich an. Dann machte sie sich an die Arbeit und bald darauf hatte ich genug Geld, um die Miete zu bezahlen, zu tanken und die Telefonrechnung zu bezahlen. Ich kann es immer noch nicht fassen!! Natürlich, Gott ist gut, aber was ich hier erlebt habe, ist wirklich verrückt (verrückt auf eine wunderbare Art).

Davor hatte ich ein paar gute Freunde gebeten, für unsere Situation zu beten. Eine von ihnen schickte mir diese Nachricht: „Ich bete dafür, dass du mehr bekommst, als du zu bitten wagst." Wie schön, ihr zu erzählen, dass ich genau das erlebt habe.

Es gibt Tage, da habe ich das Gefühl, es wird von allen Seiten auf uns eingeschlagen. Wenn ich dann bete und in der Bibel lese, bekomme ich neuen Mut. Aber heute hat Gott mich einfach sprachlos gemacht.

Vielen Dank, dass du immer so treu nach uns fragst!
Gott segne dich!
Linda

10 Elefanten anbeten

Darum, meine Kinder, hütet euch davor,
anderen Göttern nachzulaufen.
  1. Johannes 5,21

Es war im Jahr 2009, als eine Frau mittleren Alters etwas ungelenk auf die Bühne einer großen englischen Talentshow marschierte und von einem Jurymitglied gefragt wurde: „Was möchten Sie erreichen? Was ist Ihr Traum?" Das ist eine der zentralsten Fragen überhaupt, nicht nur in Talentshows.

Die Frau antwortete einfältig, dass sie eine berühmte Sängerin werden wollte, so berühmt wie Elaine Paige. In der Kategorie „Große Träume" war dieser Wunsch wirklich bescheiden, denn heute weiß kaum noch jemand, wer Elaine Paige ist (englische Sängerin und Schauspielerin, geboren 1948 in London).

Das Publikum reagierte darauf genauso nett wie der Hai seinem Opfer gegenüber, begann zu kichern und lachte schließlich aus vollem Hals. Die Frau sah nicht so aus, als ob sie Bühnentalent hätte. Viele freuten sich auf das Desaster, das sich gleich abspielen würde. Diese Shows leben davon, dass nicht nur Talente entdeckt werden, sondern dass sich auch immer wieder Leute gnadenlos blamieren, vor dem Fernsehpublikum eines ganzen Landes.

Dann nannte die Frau den Titel, den sie gleich singen wollte: „I Dreamed a Dream" aus dem Musical *Les Misérables*. Es wurde total still im Saal. Dieses Lied war auch für sehr begabte Sängerinnen eine Herausforderung. Der Produzent freute sich schon, denn das Lied war perfekt für diese Situation. Diese Frau würde sich heute vor der gesamten Nation bis auf die Knochen blamieren. Ihr Traum würde platzen und die Einschaltquoten würden steigen.

Dann geschah das Unfassbare.

Susan Boyle konnte so unglaublich gut singen, dass sie am Ende sogar als zweite Siegerin aus dem Wettbewerb hervorging. Ihre Geschichte ist der Traum von vielen. Dank des Internets verbreitete sich ihr Auftritt über Nacht auf der ganzen Welt. Auch wenn Boyle eine begnadete Sängerin ist, so gibt es doch viele mit diesem Talent. Was an jenem Abend geschah und so viele Menschen bewegte, war mehr als ein großartiger musikalischer Beitrag in einer Talentshow. Susan Boyles Auftritt löste Jubel und Tränen aus und ist unvergessen, weil etwas Unsichtbares die Zuschauer im Innersten berührte. Es ist die Geschichte von Aschenputtel. Die Verachtete, der niemand etwas zugetraut hatte, zog an allen anderen vorbei und machte das Rennen. Das war die englische Variante des sprichwörtlichen amerikanischen Traums.

Dieses Video von Susan Boyle bewegt Menschen auf der ganzen Welt, weil es eine Saite in uns zum Klingen bringt, die göttlich ist: der Wunsch, dass Träume wahr werden. Meist handeln solche Geschichten von Menschen, die wir nicht kennen. Wann geschieht so etwas schon einmal in unserem direkten Umfeld?

Lebensträume

Wenn wir über unsere Elefanten-Gebetsanliegen nachdenken, dann werden wir feststellen, dass wir uns die Dinge, die mit dem Sinn unseres Lebens und mit unseren Träumen zu tun haben, besonders intensiv wünschen. Diese Dickhäuter überragen alle anderen. Mit ihnen verbinden wir unseren Wert. Oft beten wir über Jahrzehnte für diese Anliegen. Von ihnen erwarten wir Glück und Zufriedenheit. Wir müssen aufpassen, dass wir nicht vor ihnen auf die Knie gehen und sie anbeten, wie es die Hindus mit Ganesha, ihrer Elefantengottheit, tun.

Ich bin seit fast zwanzig Jahren Pastor und viele Menschen haben mir ihre Träume anvertraut. Manche erfüllten sich, andere nicht. Es gehört zu meinen wichtigsten Aufgaben, Menschen zum richtigen Umgang mit ihren Träumen anzuleiten. In christlichen Kreisen werden diese Träume manchmal mit dem Willen Gottes und seinen Zielen verwechselt. Es gibt Bibelverse, die im Zusammenhang mit den großen persönlichen Träumen gerne zitiert werden und die den Wunsch nach Glück und Zufriedenheit rechtfertigen. „Freue dich über den Herrn; er wird dir alles geben, was du dir von Herzen wünschst" (Psalm 37,4) oder „Denn ich allein weiß, was ich mit euch vorhabe: Ich, der Herr, werde euch Frieden schenken und euch aus dem Leid befreien. Ich gebe euch wieder Zukunft und Hoffnung" (Jeremia 29,11).

Allerdings ist es nicht immer klug, die eigenen Träume mit dem Willen Gottes gleichzusetzen. Das führt zum Teil in Schwierigkeiten, von denen Nichtchristen keine Ahnung haben.

Nach dem Verständnis von Menschen, die ohne Gott unterwegs sind, braucht es harte Arbeit und ein bisschen Glück, um seine Träume zu verwirklichen. Erreicht man seine Ziele, dann war das Schicksal gnädig und man hat hart genug dafür gekämpft. Klappt es nicht, nun, dann sollte es eben nicht so sein.

Für uns Christen ist es viel komplizierter. Als Erstes denken wir, dass wir unsere Träume analysieren müssten. Wir legen sie unter unser geistliches Mikroskop und finden heraus, ob sie überhaupt Gottes Plänen für uns entsprechen. Wäre Gott stolz auf uns, wenn wir sie erreichen würden? Möchte Gott, dass wir als Künstler, als Sportler oder als Akrobat erfolgreich sind? Kann er so etwas überhaupt segnen?

Was bedeutet es für uns, wenn sich unsere Träume dann nur teilweise oder gar nicht erfüllen? Wenn der ganze Glaube nichts gebracht hat? Das sind die Situationen, in denen Zweifel entstehen und unsere ganze Beziehung zu Gott infrage stellen. Liegt es an uns? Haben wir Sünde in unserem Leben? Haben wir Gott falsch verstanden? Ist Gott zornig auf uns? Wahrscheinlich wäre alles anders gekommen, wenn wir nur mehr gebetet hätten.

Doch auch wenn unsere Elefanten-Wünsche erfüllt werden und wir die erwünschte Arbeit oder den begehrten Ehepartner bekommen, setzen wir alles in Bezug zu Gott. Wir fühlen uns von ihm geliebt, nicht weil wir dem Wort Gottes glauben, sondern weil unser Leben nach Wunsch verläuft. Die Bibel macht aber deutlich, dass uns nichts von seiner Liebe trennen kann und dass wir von ihm geliebt sind, egal wie unsere Umstände sich entwickeln. „Denn ich bin ganz sicher: Weder Tod noch Leben, weder Engel noch Dämonen, weder Gegenwärtiges noch Zukünftiges, noch irgendwelche Gewalten, weder Hohes noch Tiefes oder sonst irgendetwas können uns von der Liebe Gottes trennen, die er uns in Jesus Christus, unserem Herrn, schenkt" (Römer 8,38-39). Reife Christen können der Liebe Gottes vertrauen, egal in welcher Lebenslage sie gerade sind.

Es ist ein Phänomen unserer Zeit, dass wir unsere persönlichen Träume mit dem Willen Gottes für unser Leben vermischen. Das hat zu so grundlegenden Veränderungen in der Beziehung der Menschen zu Gott geführt, wie sie vielleicht seit dem Sündenfall nicht vorgekommen sind. Vor nicht viel mehr als hundert Jahren kamen die meisten Christen gar nicht auf die Idee, irgendwelche Träume zu entwickeln. In der Regel machte der Sohn das Gleiche wie der Vater. Die Bäcker machten Brot, die Schmiede bearbeiteten das Eisen und wir Stadtmillers betrieben eine Mühle. Man arbeitete, um zu überleben, und tat seine Pflicht.

Natürlich hatten die Menschen auch damals schon Träume, aber kaum jemand wäre auf die Idee gekommen, das mit Gott in Verbindung zu bringen. Heute denken wir, durch eine Beförderung am Arbeitsplatz würden wir im Zentrum von Gottes Willen landen. Oder wir machen eine Zusatzausbildung, um dorthin zu kommen. Aber – kann es überhaupt ein Zentrum von Gottes Willen geben? Haben die ewigen Dinge ein Zentrum?

Früher hofften die Menschen auf Regen für ihre Saat und hatten Angst, dass die Kinder an ansteckenden Krankheiten starben. Während der Wohlstand sich in der westlichen Welt ausbreitete, begannen die Menschen, ihre Träume ernster zu nehmen. Das passt zusammen, denn man braucht Freiheit und Wohlstand, um Träume umzusetzen.

Ich bin auch gar nicht dagegen. Träume, die Gottes Willen untergeordnet sind, können in Gottes Reich viel bewegen. Gott liebt es, mit uns zusammen an unseren Träumen zu arbeiten.

Aber wenn wir wieder an die Christen früherer Jahrhunderte denken, dann muss uns bewusst sein, dass sie solche Möglichkeiten nicht hatten. Denken wir nur an die gläubigen Sklaven im ersten Jahrhundert. Man geht davon aus, dass etwa ein Drittel aller Menschen, die in Rom lebten, Sklaven waren. Paulus wusste das, als er an die Sklaven in Ephesus schrieb, wie für sie ein Leben nach Gottes Willen aussah.

Ihr Sklaven, gehorcht euren Herren, ehrt und achtet sie! Dient ihnen so aufrichtig, wie ihr Christus dient. Tut dies nicht nur vor ihren Augen, um von ihnen anerkannt zu werden. Ihr sollt vielmehr als Diener Christi bereitwillig und gern den Willen Gottes erfüllen. Arbeitet mit Freude als Christen, die nicht den Menschen dienen, sondern dem Herrn. Er wird jedem den verdienten Lohn geben, ganz gleich, ob jemand Sklave ist oder frei.
Epheser 6,5-8

Mit diesem Brief war der Traum von Freiheit bei den christlichen Sklaven gestorben. Paulus schrieb doch tatsächlich, dass die Christen, die Sklaven waren, ihren Besitzern so gehorchen sollten, wie sie Jesus selbst gehorchten. Das sei der Wille Gottes.

Natürlich rechtfertigt diese Stelle keine Sklaverei, obwohl sie auch dazu schon missbraucht wurde. Paulus wusste, dass Sklaverei damals zum Leben im Römischen Reich dazugehörte und dass sich daran vorerst auch nichts ändern würde. Seine Worte sollten die Sklaven daran erinnern, dass es noch eine andere Realität gab. Er erinnerte sie daran, dass sie etwas hatten, das wichtiger war als ihre schweren Lebensumstände und das auch wichtiger war als ihre Träume.

Ob die Sklaven in Rom von einem Leben in Freiheit träumten? Bestimmt. Es ist zutiefst menschlich, sich das zu wünschen. Als Gott dem Menschen bei der Schöpfung seinen Atem einhauchte, da ging auch etwas von seiner Kreativität auf den Menschen über, aus der unsere Träume entspringen. Trotzdem war den Sklaven damals wohl klar, dass ihre Träume sich nie erfüllen würden. Der Traum von Freiheit lag wie feiner Nebel über ihrem Leben, sie konnten ihn sehen, aber nicht ergreifen.

Wenn wir als Christen im 21. Jahrhundert über diese Dinge nachdenken, wie geht es uns dann? Hätte Paulus zu diesem Thema heute ein Buch geschrieben, würde es sich nicht gut verkaufen lassen. Wahrscheinlich hätte er nicht einmal einen Verleger für sein Manuskript gefunden. Aber wenn wir uns dieser Sichtweise von Paulus stellen, was wird dann aus unseren Träumen und unserem Streben nach einem glücklichen, erfüllten Leben? Es wird nicht viel davon übrig bleiben.

Welche Bücher wurden in den letzten zwanzig Jahren am meisten verkauft? Viele von ihnen handeln davon, dass Gott unser Gebiet erweitern will und uns hilft, unsere Ziele zu verwirklichen. Christen, die in früheren Jahrhunderten gelebt haben oder in den Slums von Brasilien oder Afrika um ihr Leben kämpfen, können damit nicht so viel anfangen.

Ich bin überzeugt, dass die Bibel für alle Menschen gilt, nicht nur für einen Teil der Weltbevölkerung. Ihre Wahrheiten können nicht auf bestimmte Gegenden oder bestimmte Zeiten begrenzt sein. Für alle Christen gilt das eine: Unser größter Traum hat sich bereits erfüllt, in Jesus. Es gibt nichts, was daran heranreicht.

Der größte Elefant aller Zeiten

Wie viele anderen Christen war auch ich lange von der Vorstellung erfüllt, dass Gott mir helfen müsste, meine Träume umzusetzen. Es ist ein langer Prozess, sich von diesem Denken zu befreien. Wenn sich die Dinge nicht so entwickelten, wie ich es mir gewünscht hatte, dann war ich entmutigt, niedergeschlagen und verzweifelt. Im letzten Kapitel werde ich davon ein paar Geschichten erzählen, wenn es um den Elefantenfriedhof geht.

Also, was tun mit den unerreichbaren Elefanten? Können wir jetzt schon dankbar und zufrieden leben, obwohl wir sie noch nicht haben? Oder hängt unser Glück davon ab, dass diese Dinge eintreffen, die wir uns so sehr wünschen? Kann ich mich in meinem Gott freuen, ohne dass sich mein Traum erfüllt? Wie würden wir unser Leben beurteilen, wenn diese Wünsche nie wahr werden würden?

Ich muss eine noch schwerere Frage stellen. Bücher, in denen es darum geht, werden oft zur Seite gelegt. Aber ich muss sie stellen, auch wenn sie eher unangenehme Gefühle auslöst. Ist Jesus allein genug für uns? Die Frage richtet sich besonders an alle, die ihre Träume aufgeben mussten, weil ihre Lebensumstände sie dazu gezwungen haben oder weil die Pflicht dies von ihnen verlangte. Die Frage geht an die alleinerziehenden Mütter, die viele Talente haben, aber zu nichts anderem kommen, als Geschirr zu spülen, Wäsche zu waschen und nebenher zu kellnern, damit ihre Kinder keine löchrigen Schuhe tragen müssen. Die Frage gilt auch meinem krebskranken Freund, der nicht mehr erleben wird, wie seine Kinder groß werden. Von ihm hörte ich diesen Satz: „Ich habe etwas herausgefunden, seit ich krank bin: Jesus und Krebs sind genug."

> Ist Jesus allein genug für uns?

Was? Jesus und Krebs sind genug? Das ergibt doch keinen Sinn, oder? Mein Freund hatte Tränen in den Augen, als er diese starken Worte aussprach, und ich musste an einen gefangenen Tiger denken. Wie ernst er das sagte! Ich ahnte, dass er zu einer Ebene der Verbundenheit mit Gott vorgedrungen war, die ich nicht kannte. Aus dem Land der Todesschatten heraus sprach er über das Leben in Christus. Ihm ging es um den wichtigsten Traum, den einzigen, den er durch den Tod hindurch träumen konnte: Jesus.

Wie ist das bei uns? Würden uns Jesus und Krebs auch reichen? Oder brauchen wir das Komplettset an irdischen Segnungen, um Jesus fröhlich nachfolgen zu können?

Doch was wäre, wenn unsere Träume sich nie erfüllen und unsere

Elefanten nie auftauchen würden? Wenn es uns wie Mose gehen würde, der lebenslang durch Wüsten ging und das verheißene Land nur aus der Ferne sah? Wäre Jesus uns dann genug?

Was wäre, wenn der Partner nie auftauchen würde und in unserem Haus nie Kinderlachen zu hören wäre? Wäre Jesus dann genug? Was ist, wenn das Manuskript nie veröffentlicht wird und das Lied es nie auf eine CD schafft? Ist Jesus genug? Eine Frage an alle, die Gott gerne vollzeitig dienen möchten: Was ist, wenn es nie dazu kommen wird? Oder wenn das Leben in der Mission ein Traum bleibt? Ist Jesus genug?

Ist Jesus genug?

Es geht mir gar nicht darum, dass wir unsere Träume aufgeben. Wirklich nicht. Ich liebe es, Menschen dabei zu helfen, ihre Elefanten-Wünsche zu definieren und mit ihnen in aller Kühnheit dafür zu beten. Dieses ganze Buch hat keinen anderen Inhalt, als Elefanten von Gott zu erbitten. Es geht mir jetzt aber darum, dass wir diesen Wünschen den ihnen angemessenen Platz in unserem Leben zuweisen müssen. Auf keinen Fall dürfen wir sie anbeten. Sie dürfen maximal den zweiten Platz in unserem Herzen einnehmen, denn Platz eins ist Jesus vorbehalten. Wenn wir mit Jesus allein nicht vollkommen zufrieden und glücklich sein können, dann wird es uns mit den Elefanten auch nicht besser gehen. Aber wenn Jesus alles ist, was wir zu einem erfüllten Leben brauchen, dann wird es nie etwas geben, das uns mehr bedeutet oder unsere Zufriedenheit raubt. Darüber schrieb auch Paulus: „Ich weiß Entbehrungen zu ertragen, ich kann im Überfluss leben. In jedes und alles bin ich eingeweiht: in Sattsein und Hungern, Überfluss und Entbehrung. Alles vermag ich durch ihn, der mir Kraft gibt" (Philipper 4,12-13; EÜ).

Das eigentliche Thema dieses Buches über die Elefanten ist doch, vor allem Jesus kennenzulernen und eng mit ihm verbunden zu sein. Denn die ganzen Träume verblassen neben dem einen: Gott gab sich selbst, um in uns wohnen zu können. Dafür musste Jesus sterben, dafür hat Gott ihn wieder auferweckt.

Nur Träume, die durch den Filter des Kreuzes gereinigt wurden, können uns anhaltend zufrieden machen. Nur sie haben eine Bedeutung, die auch in der Ewigkeit noch gilt.

An dieser Stelle kommt der große Radiergummi wieder zum Einsatz. Um so zu leben und die Dinge so zu beurteilen, braucht man Glauben. Dieser Glaube kostet etwas, er gewinnt im Tal der Zweifel seine Festigkeit. Wo keine Zweifel sind, kann gar kein Glaube entstehen. Ohne Zweifel können wir uns vielleicht an den Dingen festhalten, die wir für selbstverständlich halten. Aber es braucht Glauben, um die Zweifel zu überwinden, nur dann haben wir einen siegreichen Glauben.

Als Susan Boyle an jenem denkwürdigen Abend den letzten Ton verklingen ließ, hatte sich ihr Leben grundlegend verändert. Auf Anhieb war sie berühmter als Elaine Paige. Die Welt lag ihr zu Füßen, ihr größter Traum hatte sich erfüllt.

Doch schon bald musste sie lernen, dass erfüllte Träume genauso substanzlos sein können wie Träume, die unerreichbar bleiben. Schon zwei Monate nach ihrem riesigen Erfolg war sie in der Psychiatrie. Ausgelaugt und erschöpft versuchte sie, ihr Leben wieder in den Griff zu bekommen.[14]

An dieser Stelle sollten wir kurz innehalten und die Elefanten neu bewerten, für die wir vielleicht schon seit unserer Kindheit beten, denen wir ein Leben lang nachlaufen oder um die sich vielleicht gerade unser ganzes Leben dreht. Auch über die Elefanten, die uns wieder abhandengekommen sind, müssen wir nachdenken.

Es ist wichtig, diese Träume, die uns so kostbar sind, auf Gottes Altar zu legen und ihm zu opfern. Erst wenn wir sie haben sterben lassen, werden wir Frieden finden. Es ist der Friede, der nach dem Loslassen kommt. Wenn unsere Träume tot sind, kann Gott sie zum Leben erwecken. Doch er wird das dann auf seine Weise und zu seiner Zeit tun. Das erinnert uns an Abraham, den Vater des Glaubens. „Nach diesen Ereignissen vergingen einige Jahre. Da stellte Gott Abraham auf die Probe. ‚Abraham!', rief er. ‚Ja, Herr?' – ‚Geh mit deinem einzigen Sohn Isaak, den du liebst, in das Land Morija. Dort zeige ich dir einen Berg. Auf ihm sollst du deinen Sohn Isaak töten und als Opfer für mich verbrennen!'" (1. Mose 22,1-2).

Gott hatte direkt zu Abraham gesprochen. Doch leider wurde Gottes Versprechen für Abraham und Sara im Laufe der Jahre wichtiger als der Gott, der es ihnen gegeben hatte. Alles drehte sich um dieses Versprechen. Doch „nach diesen Ereignissen" fand Abraham zur richtigen Haltung zurück. Er gab seinen Traum auf. Gott war ihm wieder wichtiger. Als Kind Gottes brauchen wir niemals einem Traum hinterherzulaufen. Wenn wir Gottes Nähe suchen, dann werden die Träume von sich aus zu uns kommen.

Von der Bibel her ist Gott es, der uns nachgeht. Er sucht das Verlorene und er bringt das Gute in unser Leben. Wenn wir Jesus haben, fehlt uns nichts. „Schon damals, als wir noch hilflos der Sünde ausgeliefert waren, ist Christus zur rechten Zeit für uns gottlose Menschen gestorben" (Römer 5,6).

Der größte Elefant aller Zeiten ist Jesus selbst, vom Herrn des Universums auf die Erde gesandt, um uns schon hier zu seinem Tempel zu machen und später die Ewigkeit mit uns zu verbringen. Diesen größten aller Träume möchte er vor allen anderen erfüllen. „Denkt also daran, dass ihr Gottes Tempel seid und dass Gottes Geist in euch wohnt!" (1. Korinther 3,16). An anderer Stelle lesen wir: „Wir dagegen haben unsere Heimat im Himmel. Von dort erwarten wir auch Jesus Christus, unseren Retter. Dann wird unser hinfälliger, sterblicher Leib verwandelt und seinem auferstandenen, unvergänglichen Leib gleich werden. Denn Christus hat die Macht, alles seiner Herrschaft zu unterwerfen" (Philipper 3,20-21).

Wenn wir begreifen, dass wir das allergrößte Geschenk schon bekommen haben, weil Jesus uns von Sünde und ewiger Verdammnis gerettet hat, dann bekommen alle anderen Wünsche den richtigen Stellenwert in unserem Leben. Das hat Jesus auch in der Bergpredigt deutlich gemacht:

„Wenn Gott sogar das Gras so schön wachsen lässt, das heute auf der Wiese grünt, morgen aber schon verbrannt wird, wie könnte er euch dann vergessen? Vertraut ihr Gott so wenig? Zerbrecht euch also nicht mehr den Kopf mit Fragen wie: ‚Werden wir genug zu essen haben? Und was werden wir trinken? Was sollen wir anziehen?' Mit solchen Dingen beschäftigen sich nur Menschen, die Gott nicht kennen. Euer Vater im Himmel weiß doch genau, dass ihr dies alles braucht. Sorgt euch vor allem um Gottes neue Welt, und lebt nach Gottes Willen! Dann wird er euch mit allem anderen versorgen."
Matthäus 6,30-33

Wenn wir Gott den ihm zustehenden Platz einräumen und die Elefanten auf ihre Plätze verweisen, dann wird sich unser Leben so entfalten, wie Gott es für uns geplant hat. Wichtig ist nur, dass wir den Dingen, die Gott uns geben will, nicht kopflos nachjagen. Sie kommen, wenn wir sie loslassen und stattdessen Gott suchen. Wenn wir Gott in unserem Leben regieren lassen und uns in allem ihm unterstellen, dann werden wir nur so von Elefanten überrannt werden. Nur in dieser Haltung finden wir wahre, tiefe Zufriedenheit.

Im letzten Sommer schrieb ich die folgende Geschichte nieder. Damals war mein Beten schon über eine längere Strecke eine ziemlich dürre Angelegenheit gewesen. Die Geschichte hat sich nicht allmählich in mir gebildet, wie ich das normalerweise beim Schreiben von Texten kenne. Sie war plötzlich da, komplett und fertig stand sie unvermittelt in meinen Gedanken. So etwas ist mir vorher oder nachher nie passiert. Damals hatte ich noch keine klare Vorstellung, wofür diese Geschichte gut sein würde, ich habe sie einfach nur aufgeschrieben. Später habe ich sie in vielen Gesprächen immer wieder erzählt und festgestellt, dass sie Menschen trösten und beruhigen konnte, die verzweifelt nach ihren Elefanten Ausschau hielten. Also füge ich sie auch in dieses Buch ein. Ich glaube, dass sie den geistlichen Gehalt dieses Kapitels gut entfalten kann. Gottes Segen beim Lesen!

Die Fabel vom Zauberer und dem kleinen Mädchen

Es war einmal ein Zauberer, der hatte die Kraft, Wünsche zu erfüllen. Als Gegenleistung forderte er nur ein winziges Stückchen von der Seele des Wünschenden. Das Stückchen war so klein, dass die Menschen kaum bemerkten, dass ihnen etwas fehlte. Egal wie groß der Wunsch auch war, der Preis war immer derselbe.

So kamen die Leute von nah und fern, um dem Zauberer ihre Wünsche zu nennen. Die einen wollten gesund werden, andere verlangten nach Reichtum und Ehre. Viele sehnten sich nach gesellschaftlicher Anerkennung und Macht, auch Schönheit war ein begehrtes Gut. Unfruchtbare Frauen wünschten sich Kinder und einsame Männer baten um eine schöne Frau.

Bald sprach man im ganzen Land von den Fähigkeiten des Zauberers. Niemand konnte dem Gedanken widerstehen, Glück und Zufriedenheit zu finden. Da der Preis den Menschen so gering vorkam, gingen sie wieder und wieder zu ihm hin. Bereitwillig gaben sie ein kleines Stückchen ihrer Seele, um sofort alles zu bekommen, was sie sich schon immer gewünscht hatten.

Aber niemand ahnte, dass der Zauberkönig in jedem erfüllten Wunsch einen kleinen Fluch versteckt hatte. Der Wunsch stellte die Menschen nur kurz zufrieden, doch schnell verblasste die Freude und ein größerer Wunsch ergriff Besitz von dem Menschen.

Die Männer, die eine Frau bekommen hatten, wollten gerne, dass die Frauen anders wären. Die Reichtum erhalten hatten, wollten frei sein von der Last, ihr Vermögen zu verwalten. Die Frauen, die schön geworden waren, wollten wieder als Person geliebt werden, anstatt nur für ihre Schönheit begehrt zu werden.

Also gingen die Leute wieder und wieder zum Zauberer, immer auf der Suche nach Glück und Zufriedenheit. Der Zauberer erfüllte jeden Wunsch und bekam Stück um Stück von den Seelen der Menschen. So kam es, dass ihm eines Tages alle Seelen im ganzen Land gehörten.

Die Menschen litten unter dem Fluch, immer neue Wünsche zu be-

kommen. Jeder Wunsch hinterließ, wenn seine Freude verging, ein noch größeres Loch und ein verzweifelteres Sehnen nach mehr. Auf der Jagd nach Glück wurden die Menschen immer leerer und rastloser. Der Fluch hatte jede Zufriedenheit aus ihrem Leben verbannt. Sie konnten die Gegenwart nicht mehr genießen, sondern wurden von ständig neuen Wünschen geplagt, die ihnen eine bessere Zukunft versprachen.

Eines Tages wanderte der Zauberer umher und suchte nach Menschen, die er noch zerstören konnte. Da sah er ein kleines Mädchen, das auf der Wiese spielte. Der Zauberer setzte sich ins Gras und beobachtete das Kind. Glücklich rannte es zwischen den Sonnenblumen umher und verfolgte die Schmetterlinge, die zahlreich von Blüte zu Blüte flatterten.

Dann bemerkte der Zauberer, dass das Mädchen hinkte. Ein Bein war kürzer als das andere und immer wieder fiel es hin, während es den Schmetterlingen folgte. Sein Bein ließ es nicht zu, dass das Mädchen einen der bunten Gesellen fangen konnte.

Genau das hatte der Zauberer gesucht. Er ging zu dem Mädchen und sprach es an: „So schöne Schmetterlinge", sagte er.

„Ja", erwiderte das Mädchen, „sie sind wunderschön."

„Ist es nicht schade, dass du nie einen fängst?", fragte er listig.

„Nun, wenn einer zu mir käme, hielte ich ihn gerne auf meiner Hand", lächelte das Kind.

Voller Verlangen nach der Seele des Mädchens fragte der Zauberer weiter: „Ich könnte dir einen Wunsch erfüllen. Wenn du willst, gebe ich dir alle Schmetterlinge, die du jemals haben willst. Du würdest sie nie wieder fangen müssen. Wäre das nicht genau das, was du brauchst?"

Das Mädchen blieb stehen und dachte nach. Dann meinte es: „Aber wenn du das tun würdest, dann bräuchte ich ja nie wieder hinter Schmetterlingen herzulaufen! Das wäre doch schade."

Überrascht versuchte der Zauberer, dem Mädchen klarzumachen, dass es doch nur deshalb hinter den Schmetterlingen herlief, weil es einen fangen wollte. Doch das Mädchen sagte: „Nein, ich würde ihn nur kurz auf meiner Hand sitzen lassen, bis er wieder weiterfliegen will. Schmetterlinge sind nicht dazu da, dass man sie festhält, sie müssen frei sein. Ein gefangener Schmetterling wäre doch nicht schön, oder?"

Der Zauberer wurde ärgerlich. Wenn das Mädchen schon keine Schmetterlinge haben wollte, dann würde er ihm eben etwas anderes bieten. Böse grinste er es an: „Warum rennst du eigentlich so langsam, kleines Fräulein? Würdest du nicht gerne so sein wie die anderen? Möchtest du normal sein?"

„Was ist normal?", fragte es arglos.

„Normal ist, wenn du so bist wie alle anderen", erklärte der Zauberer.

Das Mädchen dachte lange nach. Dann sah es ihn mit klaren Augen an: „Nein, das will ich auch nicht. Ich möchte lieber so bleiben, wie ich bin. Ich will gar nicht normal sein, egal was das bedeutet."

Der Zauberer verzog sein Gesicht, als hätte ihm ein Messer ins Herz geschnitten. Sein Gesicht verzerrte sich vor Schmerz und er wurde deutlich kleiner, während das Mädchen sprach. Aber es achtete gar nicht mehr auf ihn, sondern rannte fröhlich hinter den Schmetterlingen her, die sich in der warmen Sonne tummelten. Bei dem unbeschwerten Anblick des Mädchens glühte der Zauberer vor Wut und sein Verlangen nach seiner Seele wurde so stark, wie er noch nie etwas gespürt hatte. Er war zu allem bereit, wenn das Kind sich nur irgendetwas von ihm wünschen würde.

„Kind", fing er also wieder an, „entschuldige bitte. Aber ich will dich noch eines fragen. Wie wäre es, wenn ich dir sagen würde, dass ich dir jeden erdenklichen Wunsch erfüllen kann. Auch wenn du über alle Königreiche auf Erden herrschen möchtest, ich kann das für dich tun."

Das Mädchen hörte auf, die Schmetterlinge zu jagen, und stand lange Zeit still da. Dann sah es den Zauberer mit seinen hellen Augen an und meinte: „Lieber Herr, ich habe die ganze Zeit überlegt, was ich mir wünschen könnte, sodass wir Ihr Wünsche-Spiel zusammen spielen könnten. Wenn ich mir unbedingt etwas wünschen sollte, dann *würde ich mir genau das alles wünschen, was ich schon habe. Aber das ist ja kein Wunsch."*

Während das Mädchen sprach, schrumpfte der Zauberer noch weiter und begann, vor Schmerzen zu schreien, bis er schließlich ganz verschwunden war. Der Bann war aufgehoben, der Fluch war gebrochen. Der Zauberer hatte die vollkommene Zufriedenheit des Kindes nicht ertragen.

In dem Moment landete ein Schmetterling sanft auf der Hand des Mädchens. Für einen Augenblick saß er da und schlug mit seinen Flügeln. Dann flog er wieder davon. Das Mädchen sah ihm einen Augenblick lang hinterher, dann begann es wieder zu rennen. Voller Freude folgte es den Schmetterlingen.

11 Elefantenfriedhof

Liebe ergeht sich nicht in großen Gefühlen, sie ist mit dem anderen fest verbunden und leidet bereitwillig für ihn.
Johannes vom Kreuz

Angeblich haben Elefanten ein Gespür dafür, wann ihre Lebenszeit zu Ende geht. Dann treten sie ihre letzte Wanderung an und streben zu einem Platz, den die Menschen auch den Elefantenfriedhof nennen. Sie legen sich zwischen die Knochen der Tiere, die vor ihnen hier verendeten, tun ihren letzten Atemzug und sterben.

Mit den Elefanten unseres Lebens verhält es sich ganz anders. Manche von ihnen haben wir schon unzählige Male geopfert, aber sie stehen immer wieder auf. Sie stapfen in unseren Gedanken und Gefühlen herum und quälen uns mit „Was wäre, wenn" und „Wie könnte es eigentlich sein". An diesem einsamen Ort der geplatzten Träume hat schon mancher Gläubige die Orientierung verloren. Gebete scheinen ungehört zu verhallen, man verliert die Hoffnung, jemals einen Elefanten zu sehen, und Enttäuschung macht sich breit. Echte Elefanten wissen instinktiv, wo ihr Ort zum Sterben ist. Doch Christen, deren Träume nicht wahr werden, irren oft ziellos durchs Leben.

Das ist die Gefahr bei dem ganzen Konzept. Immerhin geht es um Elefanten, nicht um Mäuse. Diese riesigen Tiere kosten auch einen Preis, das hatten wir schon. Wir müssen im Umgang mit ihnen vorsichtig sein, denn sie könnten uns auch etwas kosten.

Es ist riskant, mutig für alles zu bitten, was uns kostbar ist. Jemand sagte mir einmal: „Ich glaube, ich möchte lieber nicht dafür beten, dann werde ich nachher auch nicht enttäuscht." Genau das ist das Problem beim Beten für Elefanten. Es liegt in unserer Natur, dass wir hoffen, träumen und uns schöne Dinge vorstellen. Aber das geht nie ohne Risiko. Jesus hat uns aufgefordert, um alles zu bitten, was wir wollen. Er versprach uns, dass wir alles bekommen, worum wir bitten. Aber es gibt einen Haken. Gott hat ein Vetorecht, er prüft jedes Gebet, ob es seinem Willen entspricht und in seinen Augen gut ist.

So wie Elefanten sich immer von ihrem Instinkt leiten lassen, egal was Menschen von ihnen wollen, genauso wird Gott immer im Blick behalten, was für uns das Richtige ist – egal was wir uns von ihm wünschen.

Als Gott mir damals in jener heißen, feuchten Nacht in Bangkok den Elefanten vorbeischickte, sah ich das als seine Bestätigung für meinen Plan, meine Stelle zu wechseln. Damit erfüllte sich ein zweiter, großer Traum von mir: Wir zogen nach Australien, um dort zu leben und Gott zu dienen.

Sechsunddreißig Monate später wohnte ich am australischen Strand, genau an der Goldküste, zu der ich so gerne gewollt hatte. Meine Familie war von Kaliforniern hierhergezogen, und ich hatte eine Anstellung bei *Christian Surfers* gefunden. Diese übergemeindliche Organisation macht eine evangelistische Arbeit unter Menschen, die den größten Teil ihres Lebens an den großen Stränden Australiens verbringen. Da die meisten Australier nicht weit von einem Strand entfernt wohnen, hatten wir viel zu tun.

Ich war 1989 schon einmal in Australien gewesen. Damals war ich als reisender Surfer unterwegs und vor Gott auf der Flucht. Das Land hatte es mir angetan, ich liebte seine Kultur, seine Leute und ihre Lebenseinstellung. Während der Monate, die ich in Australien und später in Indonesien verbrachte, fing Gott an, mich wieder in seine Nähe zu ziehen. Das ist eine eigene Geschichte, die nicht in dieses Buch passt; aber schon damals, als ich nichts mit Gott zu tun haben wollte, legte er den Grundstein für einen späteren Dienst, den ich dann in seinem Auftrag in diesem Kontinent tun würde.

Viele Jahre später, 2005, ging es meinem Elefanten prächtig. Er war wohlgenährt und sehr zufrieden. Mein Leben und mein Dienst für

Gott hätten nicht besser sein können. Menschen kamen zum Glauben und wir lebten und surften an einem der schönsten Orte der Welt. Der Kaffee schmeckte köstlich, der Sand war warm. Ich lebte meinen Traum.

Doch plötzlich starb mein Elefant.

Josef, der Träumer Gottes

Vielleicht hat keine der biblischen Personen so viel Erfahrung mit gestorbenen und wieder zum Leben erweckten Träumen wie Josef. Sein Problem war nur, dass seine Vision jedes Mal, wenn sie wieder erwachte, eine ganz andere war. Viele von uns kennen so etwas. In der Bibel lesen wir von den Träumen, die Josef von Gott bekam. Schon mit siebzehn Jahren hatte er einen Traum, der die ganze Welt erschütterte.

Eines Nachts hatte Josef einen Traum, den er gleich am nächsten Morgen seinen Brüdern erzählte. Das machte sie nur noch zorniger. „Hört mal, was ich geträumt habe!", rief er. „Wir waren auf dem Feld und banden das Getreide in Garben zusammen. Da richtete meine sich auf und blieb aufrecht stehen. Eure dagegen bildeten einen Kreis darum und verbeugten sich tief vor meiner Garbe." „Was, du willst also König werden und dich als Herrscher über uns aufspielen?", schrien seine Brüder. Sie hassten ihn nun noch mehr, weil er ihnen von diesem Traum berichtet hatte.

Bald darauf hatte Josef wieder einen Traum, und auch diesen erzählte er seinen Brüdern. „Ich sah, wie die Sonne, der Mond und elf Sterne sich tief vor mir verbeugten", beschrieb er. Diesmal erzählte er den Traum auch seinem Vater. „Was soll das?", schimpfte der. „Bildest du dir etwa ein, dass wir alle – dein Vater, deine Mutter und deine Brüder – uns dir unterwerfen?" Josefs Brüder waren eifersüchtig auf ihn, aber seinem Vater ging der Traum nicht mehr aus dem Kopf.
   1. Mose 37,5-11

Josef war Hirte. Er kannte sich mit Tieren aus. Aber er hatte keine Ahnung, wie er mit seinen Träumen umgehen sollte. Es ist eine Sache, von Elefanten zu träumen und für sie zu beten, aber es ist etwas ganz anderes, mit ihnen richtig umzugehen, bis sie dann da sind.

Kaum hatte Josef seinen ersten Traum geträumt, schon ging alles schief. Schuld hatte auch sein Vater, der sich mehr um seine eigenen Befindlichkeiten kümmerte als um seinen Sohn. Eigentlich hätte er dafür sorgen müssen, dass Josef ungestört seine Gaben entfalten und in seine Berufung hineinwachsen konnte. Er hätte ihn zu einem jungen Mann erziehen müssen, der weise und beherrscht durchs Leben geht. Stattdessen wuchs Josef als anspruchsvoller, eingebildeter und selbstverliebter Träumer heran. Doch Gott lässt es nicht zu, dass wir unsere Träume anbeten.

Es dauerte nicht lange, bis Josef im tiefen, dunklen Brunnen saß. Dort begann der lange Weg, auf dem seine Träume sich erfüllten. Dieser Weg führte ihn in Situationen, auf die er gerne verzichtet hätte. „Kaum hatte Josef sie erreicht, da entrissen sie ihm sein vornehmes Gewand und warfen ihn in den leeren Brunnenschacht" (1. Mose 37,23-24). Josef muss damals gedacht haben, dass das wohl das Ende seiner Träume war.

Hier sehen wir wieder, wie gefährlich es ist, für Elefanten zu beten. Manche Elefanten bringen uns in Situationen, die wir uns nicht gewünscht haben. Für Jesus war es nicht anders. Er träumte davon, alle Menschen vor der ewigen Verdammnis zu bewahren. Doch bevor dieser Traum möglich war, kam das Kreuz. So ähnlich kann es uns auch gehen. Wenn die Erhörung unserer größten Gebetsanliegen kaum noch vorstellbar ist, dann beginnt Gottes Arbeit an uns. Er verändert uns und unsere Träume, bis daraus etwas entsteht, das ihn verherrlicht.

Josef durchlebte viele Jahre, die wie Albträume waren und die aus

> Jesus träumte davon, alle Menschen vor der ewigen Verdammnis zu bewahren. Doch bevor dieser Traum möglich war, kam das Kreuz. So ähnlich kann es uns auch gehen.

ihm einen anderen Menschen machten. Spulen wir ein paar Jahrzehnte nach vorne. Als Josefs Träume in Erfüllung gingen, hatte sich seine Situation grundlegend verändert. Was dann geschah, erinnerte kaum noch an die Träume seiner Jugend. Plötzlich verfügte er über die volle Pracht und Macht ägyptischer Aristokratie. Er war inzwischen wohl schon eher ein Pharao als ein Israelit.

Es war ein langer Weg, ehe er bei seinen Gebetserhörungen ankam. Viele Träume waren zu Bruch gegangen, er war an Orten gewesen, an denen er nie hatte sein wollen, und das Leben hatte ihn von Grund auf verändert. Er war vom Sklaven über den Haushälter zum Gefangenen und schließlich zum Stellvertreter des Pharao geworden. Was mag ihm durch den Kopf gegangen sein, als seine Brüder sich vor ihm niederwarfen? Hatte er nicht einen zu hohen Preis bezahlt, um das zu erleben, was er als Junge geträumt hatte?

Der Tag, an dem mein Elefant starb

Ich kenne Hunderte von Leuten, die Gott auf wunderbare Weise mitten in ihre Träume führte, ähnlich wie er es bei Josef gemacht hat. Aber ich kenne auch sehr viele Menschen, deren Träume sich ebenso grausam zerschlagen haben wie die von Josef.

Mir passierte das an einem sonnigen Tag in Australien. Wir waren nun fast ein Jahr am anderen Ende der Welt zu Hause, als Karie, meine Frau, das Gespräch mit mir suchte.

„Du weißt, dass du der einzige Mann für mich bist. Ich würde niemals einen anderen Mann haben wollen. Es gibt da auch keinen Plan B, für den Fall, dass unsere Ehe scheitert. Aber ich kann einfach nicht hier leben. Ich werde zurück nach Hause gehen."

Da lag mein australischer Elefant plötzlich am Boden und krümmte sich vor Schmerzen. Ich musste mich entscheiden. Würde ich auf meinen Traum verzichten? Oder würde ich Wiederbelebungsversuche an meinem Elefanten starten und versuchen, meine Frau umzustimmen? Ich konnte das Ding durchziehen, meiner Frau erklären, dass sie falsch lag, und ihr Hierbleiben verlangen. Immerhin hatte ich vor gerade mal zwei Wochen das größte christliche Surfer-Treffen organisiert, das es jemals an der australischen Goldküste gegeben hatte. Gott wirkte durch mich. Ich hätte eine Menge guter Gründe finden können und ich kannte mich auch mit manipulativen Tricks gut aus. Über die Jahre hatte ich es immer wieder geschafft, meiner Frau weiszumachen, dass ihr Eindruck niemals Gottes Wille sein konnte. Wahrscheinlich hätte es auch dieses Mal wieder geklappt – zumindest für eine gewisse Zeit.

Aber es gab auch die andere Möglichkeit und die tat weh. Ich konnte meinen verletzten Elefanten hinter unsere geistliche Hütte zerren, die Donnerbüchse laden, ein Gebet sprechen und ihm den Gnadenschuss geben. Genau das tat ich schließlich auch. Zuerst fragte ich Gott und die Menschen, was ich tun sollte. Zum Glück kannte ich ein paar Christen, die mit göttlicher Weisheit ausgestattet waren. Dann rief ich die Leiter der christlichen australischen Surfer-Vereinigung an und erklärte ihnen, dass wir in die USA zurückkehren würden. Ich bin ihnen heute noch dankbar, dass sie diese Entscheidung freundlich entgegengenommen haben. Ihnen war das Wohl ihrer Mitarbeiter wichtiger als ihre Mission.

Inzwischen sind zehn Jahre vergangen. Aus heutiger Perspektive ergibt alles einen Sinn. Der Elefant, den ich mir so sehr gewünscht hatte, war von Anfang an mein Traum gewesen, aber nicht der Traum meiner Frau. Doch wenn Mann und Frau unterschiedliche Träume haben, kann das für eine Ehe sehr belastend werden. Heute hüte ich mich vor allen Elefanten, für die meine Frau nicht auch beten kann.

Drei Monate nach unserer Rückkehr wirkte Gott auf erstaunliche Weise. Er gab mir eine hervorragende Arbeitsstelle und unsere Ehe wurde von Grund auf erneuert. Hoffnung keimte auf – aber ich trauerte auch noch um meinen verlorenen Elefanten. So ist Jesus. Eine seiner Aufgaben ist es, uns zu erlösen und wiederherzustellen. Ja, ich habe meinen Traum aufgeben müssen – aber ich bekam einen anderen Schatz, eine glückliche Beziehung zu meiner Frau.

Eine Sache habe ich in Bezug auf Elefanten wirklich verstanden: Es geht gar nicht um den Elefanten, zu keinem Zeitpunkt. In Wirklichkeit geht es immer um Jesus und um unsere Beziehung zu ihm. Er liebt uns leidenschaftlich, wir sind sein Augapfel und er tut alles für uns. Er platziert die Elefanten in unserem Leben so, dass wir dabei zu den Menschen werden, als die er uns geschaffen hat.

Das Hinterteil eines Elefanten

Man sagt, im Nachhinein spielen die Dinge, die uns vorher so wichtig waren, oft gar keine so große Rolle mehr. Das ist wirklich oft so. Wenn ich zurückschaue, war es nötig, diesen Elefanten zu erlegen, um meine Ehe zu retten. Insofern bin ich dankbar für diese Geschichte. Aber trotz aller Einsicht fiel es mir nicht leicht, meinen Traum aufzugeben. Ich war wütend, niedergeschlagen und verwirrt. Zunächst ergab das alles für mich keinen Sinn. Warum gab Gott mir genau das, was ich mir so sehr gewünscht hatte, wenn er es mir ein Jahr später dann doch wieder nahm?

Das ist das Problem mit dem Leben nach dem Elefanten. Wie geht es uns, wenn wir unseren Elefanten nur noch von hinten sehen? Dieser Anblick ist ja nicht der schönste.

Ich weiß, dass ich an der Stelle zurückhaltend sein muss. Viele Christen haben viel schlimmere Dinge zu verkraften, als nur von Australien zurück nach Kalifornien ziehen zu müssen. Auf keinen Fall möchte ich den Leuten, die schwere Verluste erlitten haben, christliche Trostpflaster geben. Auch wenn das Wort Gottes lebendig und wirksam ist, so gibt es doch Situationen, in denen ein Bibelvers nicht wirklich hilft. Manchmal zeigte Gott mir eine Verheißung in der Bibel, mit der ich zunächst nichts anfangen konnte. Jahre, zum Teil auch Jahrzehnte später entfalteten sie erst ihre volle Wirkung. Viele von uns kennen das.

Auch Paulus kannte das Gefühl, hinter einem Elefanten herzuschauen. Er sprach von dem Geheimnis, in allen Situationen fröhlich zu sein. Wer das Geheimnis für sich entdeckt hat, der kann nach dem Verlust eines Elefanten entspannt weiterleben. „Ich habe gelernt, in jeder Lage zurechtzukommen und nicht von äußeren Umständen abhängig zu sein" (Philipper 4,11; GNB).

Gut, dass Paulus sein Geheimnis nicht für sich behalten hat.

Sein Geheimnis war Jesus Christus.

Paulus vertraute einem Gott, der größer ist als jede Situation. Auf ihn setzte er alle seine Hoffnungen und er war die Quelle seiner Zufriedenheit. Jesus verwandelte für Paulus jede Situation zu etwas Positivem. Wenn Jesus uns wichtiger ist als alles andere auf der Welt, dann kann uns alles andere nicht wirklich erschüttern, auch kein geplatzter Traum.

Gott vergeben

Diese Bibelstelle leuchtet ein. Aber in der konkreten Umsetzung kann es ein ganzes Leben dauern, bis wir sie wirklich ergriffen haben. Es kann so weit gehen, dass wir sogar Gott vergeben müssen.

Das hat mir eine gute Bekannte kürzlich erzählt. Dreißig Jahre lang war für sie hier in San Diego einfach alles schiefgegangen. Schließlich hatte sie ihre Sachen gepackt und war nach New York gezogen. Sie setzte ihre ganze Hoffnung auf diesen Umzug, so erzählte sie mir. Fünf Jahre lang ging alles gut. Jedes Mal, wenn sie einen Besuch in ihrer alten Heimat machte, kam sie bei mir vorbei und erzählte, wie sich die Dinge entwickelten. Sie fand nicht nur eine gute Arbeit, sondern auch eine richtig tolle Wohnung, direkt am Central Park. Auch in der Gemeinde, der sie sich angeschlossen hatte, fühlte sie sich gut aufgehoben. Es gab sogar ein paar männliche Bekannte, die als Ehepartner infrage kamen.

Aber die Jahre reihten sich aneinander und langfristig ging es ihr auch nicht besser als vor dem Umzug. Sie hatte zwar mit anderen Leuten zu tun und lebte in einer anderen Stadt, doch in ihrer Seele hatte sich nichts geändert. Sie kämpfte immer noch an denselben Stellen, die ihr auch zuvor schon geistliche und emotionale Probleme gemacht hatten. Eines Tages saßen wir im Gemeindegarten und sie erzählte mir wieder einmal, wie es ihr ging. Zehn Jahre New York lagen inzwischen hinter ihr. Doch dieses Mal sprach sie in einer Aufrichtigkeit, die ich so von ihr nicht kannte. Sie hatte ihren Arbeitsplatz verloren, die Wohnung war gekündigt worden und die Männer hatten andere Frauen geheiratet. Sie war mittlerweile dreiundvierzig Jahre alt. An diesem Punkt wurde ihr bewusst, dass sie die Hilfe des Heiligen Geistes brauchte, um Gott vergeben zu können.

Gott vergeben? An Bibelschulen und bei theologischen Fortbildungen habe ich darüber nie etwas gehört. Wir wissen doch, dass Gott vollkommen ist und niemals etwas tun kann, für das er Vergebung braucht. Aber wir als Menschen mit unserem begrenzten Verstand können Gott gegenüber das Vertrauen verlieren und enttäuscht und wütend werden. An den theologischen Ausbildungsstätten gibt es auf alles eine Antwort und eine biblische Wahrheit, da werden Abschlüsse erteilt und für jedes theoretische Problem steht eine vorgefertigte Lösung bereit.

> An diesem Punkt wurde ihr bewusst, dass sie die Hilfe des Heiligen Geistes brauchte, um Gott vergeben zu können.

Aber ich weiß heute, dass die Dinge im wirklichen Leben ganz anders sind.

Nicht jedes Kind, das Krebs hat, überlebt. Nicht jedes Ehepaar bekommt Kinder. Und nicht jede Frau, die nach New York zieht, findet dort ihr Glück.

David und Hiob

Als ich überlegte, welche Personen in der Bibel Gott gegenüber ebenfalls wütend und enttäuscht waren und Grund hatten, Gott zu vergeben, kam ich auf David und Hiob.

Davids erstes Kind mit Batseba ließ Gott sterben. Ja, David hatte schwer gesündigt, aber warum musste deshalb das Kind sterben?

Der Herr ließ das Kind, das Urias Frau geboren hatte, todkrank werden. David zog sich zurück, um für seinen Sohn zu beten. Er fastete tagelang und schlief nachts auf dem Fußboden. Seine Hofbeamten kamen und versuchten, ihn zum Aufstehen zu bewegen, doch ohne Erfolg. Auch zum Essen ließ er sich nicht überreden. Am siebten Tag starb das Kind. Keiner der Diener wagte es David mitzuteilen, denn sie befürchteten das Schlimmste. „Schon als das Kind noch lebte, ließ er sich durch nichts aufmuntern", sagten sie zueinander. „Wie wird er sich erst verhalten, wenn er erfährt, dass es tot ist? Er könnte sich etwas antun!"
2. Samuel 12,15-18

Oder denken wir an Hiob. Gott hatte seinen Schutz von Hiob zurückgezogen und Satan erlaubt, Hiob zu quälen. Wir lesen, dass Gott das nur tat, weil Satan ihn herausgefordert hatte. Gott schlug vor, Satan solle Hiob testen. Ist unser Gott wirklich zu so etwas fähig?

Der Herr erwiderte: „Dann ist dir sicher auch mein Diener Hiob aufgefallen. Ich kenne keinen Zweiten auf der Erde, der so rechtschaffen und aufrichtig ist wie er, der mich achtet und sich nichts zuschulden kommen lässt."
„Überrascht dich das?", fragte der Satan. „Er tut's doch nicht umsonst! Du hast ihn, seine Familie und seinen ganzen Besitz stets bewahrt. Seine Arbeit war erfolgreich, und seine Herden haben sich gewaltig vermehrt. Aber – versuch es doch einmal und lass ihn Hab und Gut verlieren, dann wird er dich ganz sicher vor allen Leuten verfluchen."
„Gut", sagte der Herr, „mach mit seinem Besitz, was du willst, nur ihn selbst taste nicht an!"
So verließ der Satan den Herrn und die Engel.
Hiob 1,8-12

Ich verstehe das wirklich nicht. Vielleicht werde ich es nie verstehen. Aber ich finde es interessant zu sehen, wie diese biblischen Helden mit ihrer Wut und Enttäuschung Gott gegenüber umgingen.

Als David hörte, dass sein Sohn gestorben war, stand er auf, machte sich zurecht und tat das, was sein ganzes Leben kennzeichnete: Er ging in das Haus Gottes und betete Gott an.

Da stand David auf, wusch sich, pflegte sich mit wohlriechenden Salben und zog frische Kleider an. Dann ging er ins Heiligtum und warf sich nieder, um den Herrn anzubeten. Danach kehrte er in den Palast zurück und ließ sich etwas zu essen bringen. „Wir verstehen dich nicht", sagten seine Diener, „als das Kind noch lebte, hast du seinetwegen gefastet und geweint. Doch jetzt, wo es gestorben ist, stehst du auf und isst wieder." David erwiderte: „Solange mein Sohn lebte, habe ich gefastet und geweint, weil ich dachte: Vielleicht hat der Herr Erbarmen mit mir und lässt ihn am Leben. Doch nun ist er gestorben – warum soll ich jetzt noch fasten? Kann ich ihn damit etwa zurückholen? Nein, er kehrt nicht mehr zu mir zurück, ich aber werde eines Tages zu ihm gehen!"

2. Samuel 12,20-23

Zurück zu Hiob. Wie hat er reagiert? Er hatte alles verloren, war in größter Armut und körperlich so entstellt, dass seine besten Freunde ihn nicht mehr erkannten. Da sagte er diesen bemerkenswerten Satz: „Gewiss wird Gott mich töten, dennoch vertraue ich auf ihn" (Hiob 13,15).

Das ist die Haltung eines echten Jüngers. Ich ringe selbst darum, sie mir anzueignen. Wer so denkt, der hat sich von allen Träumen verabschiedet. Ihm geht es nicht mehr um seine Ziele und die Verwirklichung seiner selbst. Nur ein Mensch, der wirklich Gott gefunden hat, kann so etwas sagen.

Das ist der Segen der toten Elefanten – sie bringen uns dazu, unser eigenes Ich loszulassen. Sie zeigen uns, wie bedürftig wir tatsächlich sind, und sie fordern eine Entscheidung von uns. Entweder wir kommen an den Punkt, an dem Hiobs Frau war: „Mach doch Schluss mit Gott und stirb!" (Hiob 2,9), oder wir machen es wie David und Hiob.

Wenn alles hoffnungslos ist, dann ist Beten das einzig Richtige.

Auch Abraham Lincoln kannte diese Situation: „Oft genug ging ich auf meine Knie, weil ich nicht wusste, was ich sonst hätte tun können. Meine eigene Weisheit und alle meine Fähigkeiten reichten einfach nicht für den vor mir liegenden Tag."[15]

Das Leben nach den Elefanten

Als Karies Bruder sich im vorigen Jahr das Leben genommen hatte, bekam ich eine E-Mail von Pat, Karies Mutter, die wie eine zweite Mutter für mich ist. Es gibt ja viele Herausforderungen im Leben, aber eine der schlimmsten ist wohl der Tod eines Kindes.

Gott hat uns die Größe seiner Liebe gezeigt, indem er genau das für uns tat und seinen Sohn dem Tod überließ. „Denn Gott hat die Menschen so sehr geliebt, dass er seinen einzigen Sohn für sie hergab. Jeder, der an ihn glaubt, wird nicht zugrunde gehen, sondern das ewige Leben haben" (Johannes 3,16).

Ich habe lange überlegt, ob ich diesen kostbaren Text wirklich veröffentlichen soll, aber Pat hat mich darin bestärkt. Aus zwei Gründen habe ich ihn jetzt in das Buch aufgenommen. Einerseits wollte ich jemanden zu Wort kommen lassen, der wirklich weiß, was Trauer heißt. Meine eigenen Erfahrungen reichen an dieser Stelle nicht aus. Aber wenn Pat über die Güte Gottes nach einem schweren Schicksalsschlag schreibt, dann ist das authentisch.

Andererseits möchte ich mit diesem Text denen Mut machen, deren Leben sich ganz anders entwickelt hat, als sie sich das gewünscht hatten. Vielleicht könnte man diesen Brief mit dem Titel „An alle, die gerade in Ägypten leben" überschreiben. Ich bete für jeden Leser, den das betrifft.

Aber es gibt noch einen weiteren Grund, warum ich Pats Brief aufgenommen habe. Viele, die Devin kannten, waren überzeugt, dass Gottes Berufung auf seinem Leben lag. Indem ich den Lesern dieses Buches Pats Brief zugänglich mache, kann Devin noch über seinen Tod hinaus ein Segen sein.

Am 23. Juni haben wir unseren Sohn verloren. Er nahm sich mit einer Überdosis Drogen das Leben, nachdem er jahrelang manisch-depressiv war. Sechsunddreißig Jahre lang war er Teil unseres Lebens. Es waren nicht immer friedliche Jahre, aber sie waren immer von Liebe erfüllt.

Für Devin wurde viel gebetet. Als er klein war, betete ich am meisten für seine geistliche Entwicklung. Mit vier Jahren lud er Jesus dann in sein Herz ein. Als Kind hatte er viele Unfälle und das Gebet für körperlichen und geistlichen Schutz wurde mir immer wichtiger. Zuerst war das Skateboard sein liebstes Sportgerät, später das Snowboard. Als er dann anfing, Drogen zu nehmen, um seinen manisch-depressiven Stimmungen entgegenzuwirken, hatte ich weiterhin Grund, um Schutz zu beten. Und Gott hat ihn lange Zeit bewahrt.

Wir wussten nicht, dass er schon während der Schulzeit angefangen hatte, Alkohol zu trinken und zu kiffen. Auch damit wollte er der Depression entgehen, gegen die er sein Leben lang kämpfte. Nachdem ich von den Drogen erfahren hatte, fing ich an, dafür zu beten, dass die Polizei ihn erwischen würde. Ob das nun an meinen Gebeten lag oder nicht, weiß ich nicht, aber er kam zum ersten Mal ins Gefängnis, als er erst Anfang zwanzig war. Ein paar Jahre später landete er wieder dort. Ich betete weiter um seinen Schutz und er durfte immer wieder erleben, dass er rechtzeitig verlegt wurde, bevor die Gewalt und Brutalität im Gefängnis sich gegen ihn gerichtet hätten. Manchmal ging es da nur um wenige Stunden.

Wahrscheinlich war er in diesen Jahren öfter in Lebensgefahr, als ich ahnte. Aber Gott hat ihn immer wieder gerettet und uns noch mehr gemeinsame Zeit geschenkt. In diesen Jahren stand neben meinem Bett ein Bild von ihm, auf dem er fünf Jahre alt war. Jeden Tag betete ich, dass Gott mir doch wieder dieses Kind schenken würde, das einen so reinen, festen Glauben an Jesus hatte. Einmal fragte er mich, warum dieses Bild auf meinem Nachtschränkchen stand, und ich erzählte ihm von meinen täglichen Gebeten für ihn.

Die Jahre vergingen und ich betete für seine Ausbildung, seinen Arbeitsplatz, für die Heilung der Beziehung zu seinem Vater, für die

Beziehung zu seinem kleinen Sohn, für eine gläubige Ehefrau und für sein geistliches Leben. Mein Gebet war, dass er eines Tages Gott dienen würde. Dazu kam die beständige Bitte um Schutz und die Wiederherstellung des Glaubens, den er als Kind gehabt hatte.

Schließlich beschenkte Gott uns mit sechs drogenfreien gemeinsamen Jahren. Devin machte seinen Bachelorabschluss in Sozialwesen und begann mit der Masterarbeit. Gleichzeitig arbeitete er vollzeitig in einem Beruf, der ihm lag. Er half anderen, die auf einem ähnlichen Weg unterwegs waren wie er selbst. Die Beziehung zu seinem Vater wurde geklärt, er nahm wieder Kontakt auf zu seinem Sohn und drei Monate vor seinem Tod heiratete er. Im Rückblick kann ich sagen, das waren wirklich gute Jahre, Jahre des Segens, in denen Gott viele meiner Gebete erhörte.

Zu seiner Beerdigung kamen über zweihundertfünfzig Leute, ich kannte nur die wenigsten. Es war wie ein Geschenk von Gott, als wir sehen durften, welch ein großer Segen Devin für viele Menschen gewesen war. In all den Jahren, in denen ich immer gebetet hatte, dass Gott ihn doch für einen geistlichen Dienst vorbereiten sollte, da hatte Gott ihn schon gebraucht.

Ungefähr einen Monat nach seinem Tod begann ich dafür zu beten, dass Gott auch aus seinem Sterben etwas Gutes machen würde. Devins Frau wandte sich neu Gott zu und gründete einen Bibelkreis, einige seiner engsten Freunde haben sich wieder intensiver auf die Suche nach Gott gemacht und ich habe mit einer Nachbarin zusammen angefangen, regelmäßig für die Kinder in der Nachbarschaft zu beten.

Ich bin dankbar, dass Gott so viele meiner Gebete für meinen Sohn erhört hat. Gegen Ende seines Lebens betete ich verzweifelt dafür, dass er wieder Frieden und Halt im Glauben finden würde – dann starb er. Dennoch weiß ich, dass ich Gottes Wegen vertrauen kann, und das tue ich heute mehr denn je. Nur er hat den perfekten Plan.

Natürlich ist es meine feste Hoffnung als Mutter, dass Devin trotz aller Umstände die Ewigkeit bei seinem Retter verbringen darf. Für ihn brauche ich nun nicht mehr zu beten. Aber ich bete für meine

Tochter, meinen Schwiegersohn, meine Schwiegertochter, meine Enkelkinder meinen Mann und noch für viele andere Menschen. Ich bete in der Gewissheit, dass Gott die Gebete seiner geliebten Kinder hört und beantwortet.

Verlass dich nicht auf deine eigene Urteilskraft, sondern vertraue voll und ganz dem Herrn! Denke bei jedem Schritt an ihn; er zeigt dir den richtigen Weg und krönt dein Handeln mit Erfolg.
    Sprüche 3,5-6

Schluss
Elefantastische Abenteuer

12 Unsere neue Welt

Wir sollten nie aufhören, die Dinge zu erforschen. Am Ende aller Nachforschungen werden wir wieder dort ankommen, wo wir losgegangen sind, aber dann erst werden wir das Vertraute wirklich kennen.
T. S. Eliot

Sei stark und mutig! Denn du wirst das Land einnehmen, das ich euren Vorfahren versprochen habe, und wirst es den Israeliten geben.
Josua 1,6

Nur wenige Dinge entfachen das Feuer des menschlichen Geistes so sehr wie die Forschung. Bei der Suche nach neuen Erkenntnissen begegnen wir nämlich genau denselben Herausforderungen wie auf unserer echten Lebensreise. Die Forschung vereint dies alles: große Hoffnungen, spannende Abenteuer, den Aufruf, uns unseren Goliaths entgegenzustellen und in leichteren wie in schwereren Zeiten tapfer auf Kurs zu bleiben. Zugleich haben wir auf dieser Reise, die uns verändern und erneuern kann, das Rückfahrticket schon in der Hand, das uns an den Ausgangspunkt zurückbringen wird. Genau hier, an der Grenze unserer Forscherhoffnungen, halten wir Ausschau nach dem, was über uns hinausgeht, und stellen die ewige Frage: „Was wäre, wenn …?"

„Was wäre, wenn …" ist die Kluft zwischen dem, was ist, und allem, was möglich wäre. Die Frage weckt Hoffnung und Angst zugleich. Was wäre, wenn wir alles aufgeben würden, um das eine Ziel zu verfolgen, für das wir geschaffen wurden? Was würde passieren, wenn ich dieses Mädchen bitten würde, meine Frau zu werden? Was würde es bedeuten, nach Kambodscha zu gehen und um die Kinder zu kämpfen, die als Sexsklaven gehalten werden?

Dann gibt es natürlich auch noch alle Fragen, die wir uns in Bezug auf negative Ereignisse stellen können. Zum Beispiel: Was wäre, wenn ich unheilbar krank werden würde? Auch diese Fragen haben ihre Berechtigung. Aber wir wollen uns damit hier nicht beschäftigen. Jetzt soll es um Hoffnung gehen. „Und diese Hoffnung geht nicht ins Leere. Denn uns ist der Heilige Geist geschenkt, und durch ihn hat Gott unsere Herzen mit seiner Liebe erfüllt" (Römer 5,5).

Wenn wir beten, beschäftigen wir uns mit vielen dieser positiven „Was wäre, wenn"-Fragen. Unsere Gebete zusammen mit gut überlegten und mutigen Schritten in die entsprechende Richtung sind wie ein Presslufthammer, der Gottes Willen freisetzt.

In einem fernen Land

Neulich haben meine Frau und ich einen Film geschaut, bei dem es genau um diese hoffnungsvollen „Was wäre, wenn"s geht. Der Film heißt „In einem fernen Land". Tom Cruise und Nicole Kidman spielen darin zwei Iren, die Ende des 19. Jahrhunderts nach Amerika auswandern. Sie stammen aus verschiedenen Gesellschaftsschichten und verlieben sich im Verlauf ihrer Reise ineinander. Die Spannung des Filmes hat vor allem mit der Beziehung dieser beiden jungen Leute zu tun, die sehr gegensätzlich sind. Der Mann ist ein einfacher Bauer und ein Raufbold, der davon träumt, auf seinem eigenen Stück Land ein neues Leben anzufangen. Die Frau stammt aus einem irischen Adelsgeschlecht und interessiert sich nicht für Grund und Boden. Sie hat das Leben in der Oberschicht satt und ist auf der Suche nach ihrer Identität.

Ich gebe es unumwunden zu: Ich liebe diesen Film! Die Personen setzen sich wirklich ernsthaft mit ihren persönlichen „Was wäre, wenn"-Fragen auseinander. So etwas spricht mich immer an.

Am Höhepunkt des Films wird ein Ereignis gezeigt, das sich tatsächlich so abgespielt hat. Es ist der *Oklahoma Land Run*, bei dem auch die beiden irischstämmigen Immigranten ihre neue Heimat finden. Am 16. September 1889 fand dieser Wettlauf statt, der zur Besiedlung des letzten Indianer-Territoriums führte. Dazu versammelten sich über hunderttausend neue Siedler an der Grenze des Indianergebietes. Als um 12 Uhr der Startschuss ertönte, begann das Wettrennen um ein möglichst gutes Stück Land. Fünfundzwanzigtausend Quadratkilometer wurden damals verteilt, jeder bekam das Stück, das er als Erster für sich beanspruchte.

Ich verrate jetzt nicht, wie die Geschichte für die beiden jungen Leute ausgeht, die danach strebten, ihre „Was wäre, wenn"-Fragen zu beantworten. Wenden wir uns lieber unseren eigenen zu.

Auch in unserem Leben gibt es diese „Was wäre, wenn"s. Viele der Möglichkeiten, von denen wir träumen, könnten unser Leben von Grund auf verändern. Was beim *Land Run* die Startlinie war, von der alle Siedler losrannten, um sich ihren Traum zu ergattern, ist für uns das Gebet. Betend nehmen wir das Land in Besitz, das unsere Zukunft bestimmen wird. Es führt kein Weg daran vorbei, nur im Gebet können wir unser Gebiet erobern.

Damit komme ich zurück zum Ausgangspunkt dieses Buches. Inzwischen dürfte es jeder bemerkt haben: Es geht darum, alle unsere Anliegen und Wünsche Gott zu sagen. Wir haben uns über viele Aspekte des Betens Gedanken gemacht, aber die Hauptaussage ist einfach. Werden wir im Namen Jesu um alles bitten, was wir wollen? Sind wir auch bereit, die Berge zu überwinden, die sich vor uns auftürmen?

Berge versetzen

Jesus ermutigte seine Zuhörer, Berge ins Meer zu werfen. „Denn das ist sicher: Wenn ihr glaubt und nicht im Geringsten daran zweifelt, dass es wirklich geschieht, könnt ihr zu diesem Berg hier sagen: ‚Hebe dich von der Stelle, und stürze dich ins Meer!', und es wird geschehen" (Markus 11,23).

Zugegeben, Jesus nennt hier zweifelsfreien Glauben als Bedingung.

Daran bleiben viele Christen hängen. Jesus setzt die Latte so hoch, dass wir den Sprung erst gar nicht mehr versuchen. Aber damit behalten auch die Berge in unserem Leben ihren Platz.

Wenn man einen Berg versetzen will, muss man als Erstes zu ihm sprechen. Viele versuchen das nicht, weil sie denken, dass sie nicht genug Glauben haben. Aber es ist der notwendige erste Schritt.

Erinnern wir uns an den Mann, dessen Sohn von Dämonen besessen war. Für ihn gab es nur einen Berg: die Heilung seines Sohnes. Zunächst brauchte es keinen Glauben, sondern eine Tat. Der Junge musste zu Jesus gebracht werden.

„Wie lange leidet er schon darunter?", fragte Jesus den Vater. Der antwortete: „Von Kindheit an. Schon oft hat ihn der böse Geist in ein Feuer oder ins Wasser geworfen, um ihn umzubringen. Hab doch Erbarmen mit uns! Hilf uns, wenn du kannst!" „Wenn ich kann?", fragte Jesus zurück. „Alles ist möglich, wenn du mir vertraust." Verzweifelt rief der Mann: „Ich vertraue dir ja – hilf mir doch gegen meinen Zweifel!"

Markus 9,21-24

Wir müssen uns diese Szene vorstellen. Der Mann brachte seinen Sohn zu Jesus, hatte aber nicht den unbedingten Glauben, dass Jesus ihn heilen würde. Das steht hier ganz deutlich. Er bat Jesus, ihm mit dem Glauben zu helfen. Wenn wir über Glauben und Gebet nachdenken, ist das ein wichtiger Aspekt. Der Glaube ist nicht etwas, das wir von Anfang an besitzen, so wie wir unser Auto oder unser Haus besitzen. Nein, der Glaube wird uns von Gott gegeben. Gott verschenkt den Glauben an jeden, der ihn darum bittet. Glaube ist ein Geschenk und kostet nichts. „In der Vollmacht, die mir Gott als Apostel gegeben hat, warne ich euch: Überschätzt euch nicht, sondern bleibt bescheiden. Keiner von euch soll sich etwas anmaßen, was über die Kraft des Glaubens hinausgeht, die Gott ihm geschenkt hat" (Römer 12,3).

Wir bitten Gott also, uns Glauben zu schenken, und dann gehen wir in diesem geschenkten Glauben zu dem Berg und befehlen ihm zu weichen.

Gnade

Glaube war nur eine der notwendigen Voraussetzungen, die Jesus nannte, ehe er den besessenen Jungen frei machen konnte. Später sprach er noch von einer weiteren Bedingung, die auch nicht gegeben war. Trotzdem wurde der Junge frei.

„Jesus antwortete: ‚Solche Geister können nur durch Gebet und Fasten vertrieben werden'" (Markus 9,29). Wir lesen aber nichts davon, dass vor der Heilung des Jungen eilig ein Fasten ausgerufen wurde.

Es bleibt also die Frage: Wie konnte der Junge geheilt werden, obwohl niemand den Glauben dafür hatte und auch keiner gebetet und gefastet hat? Wieso konnte dieser Berg trotzdem ins Meer geworfen werden?

Die Antwort lautet einfach: Gnade.

Wenn ein Gebet Wirkung zeigt, dann ist immer Gnade im Spiel.

Gebetserhörungen folgen nicht zwangsläufig, wenn wir alles richtig machen. Sonst wäre das Beten eine gesetzliche Angelegenheit. Jesus möchte, dass wir mit ihm zusammen unterwegs sind. Dabei soll unser Glaube wachsen und wir sollen herausfinden, was wir durch Fasten in Verbindung mit Beten auslösen können. Er ermutigt uns zu diesen Dingen, weil sie die Verbindung mit ihm vertiefen. Wenn wir zu schwach sind, um diese geistlichen Disziplinen anzuwenden – was oft der Fall ist –, dann ist Jesus trotzdem bereit, unsere Gebete zu erhören, weil er gnädig und mitfühlend ist.

Doch er gehört nicht zu denen, die unsere Schwächen nicht verstehen und zu keinem Mitleiden fähig sind. Jesus Christus ... tritt für uns ein, daher dürfen wir mit Zuversicht und ohne Angst zu Gott kommen. Er wird uns seine Barmherzigkeit und Gnade zuwenden, wenn wir seine Hilfe brauchen.

Hebräer 4,15+16

Die Geschichte von dem Jungen und seinem Vater lehrt uns, dass wir auch mit unvollkommenem Glauben Berge versetzen können – Gottes Gnade macht es möglich.

Der Berg Gottes

Es gibt noch eine wichtige Tatsache in diesem Zusammenhang. Gott ist der Fels, mit dessen Hilfe wir Berge versetzen können. Wenn wir beten, besteigen wir den Berg Gottes. Von dort oben sehen unsere eigenen Berge plötzlich wie Maulwurfshügel aus. Gott ist so viel größer, stärker und herrlicher als alles andere (vgl. Jesaja 2). Wenn wir auf dem Berg Gottes stehen und von dort aus zu unseren Bergen sprechen, dann zittern sie vor uns und schmelzen wie Eis in der Sonne. „Die Berge gerieten ins Wanken, als der Herr kam, als der Gott Israels sich am Sinai zeigte" (Richter 5,5). „Sie werde ich zu meinem heiligen Berg führen. Sie dürfen meinen Tempel betreten und sich an diesem Ort des Gebets von Herzen freuen. Sie dürfen auch auf meinem Altar Brand- und Schlachtopfer darbringen, und ich werde ihre Opfer annehmen. Denn in meinem Tempel sollen alle Völker zu mir beten" (Jesaja 56,7).

Angesichts der Berge, die sich in unserem Leben auftürmen, dürfen wir immer sicher sein, dass Gottes Gnade sie bewegen wird, nicht ein tadelloser Glaube oder unsere perfekte Frömmigkeit. Wer Berge versetzen will, muss im Gebet den Berg Gottes besteigen. So hat es der Vater des besessenen Jungen gemacht und so sollen auch wir es tun.

Landnahme

Gebet nimmt uns mit auf eine Reise, die uns viel weiter führt, als wir zunächst erwarten. Wenn wir beten, bekommen wir einen Blick für Gottes Möglichkeiten und lernen, wie wir sie auf die Erde holen können.

Das Gebet führt uns auf der Entdeckungsreise unseres Lebens von Herausforderung zu Herausforderung. Würden wir nicht beten, dann würde vieles von dem, was Gott für uns vorgesehen hat, ungenutzt bleiben. An jedem Tag, an dem wir das Gebet nicht zu unserer wichtigsten Aufgabe machen, verpassen wir Dinge, mit denen Gott uns beschenken wollte.

Meine Frau erzählte mir neulich etwas, das sie in einer Predigt gehört hatte. Es ging darum, dass wir die Dinge in unserem Leben in Besitz nehmen sollen, zu denen Gott uns berufen hat. Da hieß es, dass der Feind alles in unserem Leben mit Beschlag belegen wird, was wir nicht beansprucht haben. Dem würde ich noch hinzufügen: Wenn der Feind die Dinge besetzt, dann werden sie zu einem dürren, kahlen Land, in dem nur die Schakale zu Hause sind.

Unser Leben und Gottes Erbe für uns liegen ausgebreitet vor uns. Wir stehen an der Startlinie wie die Siedler in Oklahoma, bereit, das Land in Besitz zu nehmen. Das geschieht durch Gebet.

An dieser Stelle gehen wir oft in die Irre. Wir meinen zu wissen, wo der Weg langgeht, und denken, wir kämen auch ohne Gott zurecht. „So spricht der Herr, euer Erlöser, der heilige Gott Israels: ‚Ich bin der Herr, euer Gott. Ich lehre euch, was gut für euch ist, und zeige euch den Weg, den ihr gehen sollt'" (Jesaja 48,17). Zu schnell denken wir, es käme auf unseren Verstand und unser Handeln an. Doch es ist ratsam: „Denke bei jedem Schritt an ihn; er zeigt dir den richtigen Weg und krönt dein Handeln mit Erfolg" (Sprüche 3,6). Jede geistliche Landnahme beginnt mit Gebet.

Vor einigen Jahren sprach man in vielen Gemeinden von Jabez. Wie auch immer man darüber denken mag, aber eines können wir auf jeden Fall von ihm lernen. Er wusste, dass man sich zuerst im Gebet an Gott wenden muss, wenn man neues Land einnehmen will.

Jabez hatte erkannt, dass er durch Gebet seine eigenen Grenzen sprengen und unermessliche Möglichkeiten haben konnte. Doch er nahm zuerst im Himmel von dem Besitz, was er auf der Erde haben wollte. „Aber Jabez betete zum Gott Israels: ‚Bitte segne mich, und lass mein Gebiet größer werden! Beschütze mich, und bewahre mich vor Unglück! Möge kein Leid mich treffen!' Gott erhörte sein Gebet" (1. Chronik 4,10).

Das müssen wir uns zu eigen machen. Die Vorgehensweise ist immer dieselbe, egal ob wir einen Ehepartner oder Freunde suchen, ob wir Arbeit brauchen oder Heilung von Krankheit, ob es an Finanzen fehlt oder die Beziehung zu den Kindern im Argen liegt. Egal welches Land wir einnehmen müssen, zuerst erobern wir es im Gebet.

Beten muss unsere spontane und erste Reaktion auf alles werden.

Reflexbeten

Neben allem, was ich schon zum Thema Gebet gesagt habe, fehlt noch genau dieser Aspekt: Es muss uns in Fleisch und Blut übergehen, in allen Situationen automatisch zu beten. Das kann man üben. Je länger wir auf diesem Weg unterwegs sind, desto schneller und unwillkürlicher werden wir beten. Anfänglich ist das Beten eine bewusste geistliche Übung, die Disziplin erfordert. Doch im Laufe der Zeit wird sie zu unserem eigentlichen Wesen. Wenn wir das wollen und üben, dann wird Beten zu einem Reflex.

Ein Reflex wird durch einen Reiz ausgelöst. Der Reflex erfolgt direkt auf den Reiz und lässt sich willentlich kaum steuern. Wenn wir uns im regelmäßigen Gebet üben, werden wir dahin kommen, dass bestimmte Reize des Lebens bei uns sofort und als Erstes Gebet auslösen.

Auch wenn ich im Bereich des Betens immer noch am Anfang bin, dieses reflexartige Beten habe ich schon bei mir feststellen dürfen. Oft habe ich in einer Situation schon innerlich unbewusst gebetet, bevor ich mich bewusst zum Beten entschieden habe. Manchmal wache ich mitten in der Nacht auf und stelle fest, dass ich im Schlaf für bestimmte Personen bete. Und als ich letzte Woche im Kino war, habe ich mich dabei ertappt, dass ich die ganze Zeit um Schutz für den Helden gebetet habe.

Natürlich ist es Quatsch, für eine Person im Film zu beten. Trotzdem habe ich mich über mich selbst gefreut. Diese Reaktion hat gezeigt, dass das Gebet immer mehr zu einem Teil meines Wesens wird. Meine Seele betet nun schon, ohne dass ich mich bewusst dazu aufraffen muss.

So ist das mit dem Gebet. Wenn wir uns in all unserer Schwäche und Unfähigkeit auf den Weg machen und das Beten zu einem wichtigen Bestandteil unseres Lebens erklären, dann wird es uns immer mehr prägen und bestimmen.

Geistliche Auswanderer

Noch einen Gedanken möchte ich loswerden, bevor ich das Buch endgültig abschließe. Es ist wichtig, dass wir zu geistlichen Auswanderern werden.

Das möchte ich erklären.

Ernest Hemingway schrieb einst das Buch „Paris – ein Fest fürs Leben", das postum 1964 unter dem englischen Titel „A Moveable Feast" erschienen ist. Darin schildert er die Geschichten von Amerikanern und Briten, die Tradition und Sicherheit hinter sich ließen, um in Paris ein neues Leben zu finden. Er beschreibt Pferderennen und Cafés und die akademische Welt der Zwanzigerjahre, die sich im Pariser Stadtteil *Quartier Latin* zusammenfand.

Teilweise hat Hemingway hier auch sein eigenes Leben beschrieben. Er selbst verließ in den Zwanzigerjahren die Vereinigten Staaten und ging nach Paris. Dort lernte er andere ausländische Künstler wie F. Scott Fitzgerald, Gertrude Stein, James Joyce und Ezra Pound kennen und schrieb einige seiner bedeutendsten Werke.

Auch wir können auswandern, um eine bessere Welt zu finden. Wenn wir beten, wechseln wir die Welten. Wir setzen uns einer anderen Kultur aus, die unsere Einstellung, unsere Sichtweise und unser Denken verändert. Je mehr Zeit wir mittels des Gebets in Gottes Welt verbringen, desto mehr wird sie uns beeinflussen. An die Stelle von Ärger wird Vergebung treten, aus Verzweiflung wird Hoffnung und Trauer verwandelt sich in Freude. Unser eigener Auswanderer-Bericht könnte dann den Titel tragen: „Gebet – ein Fest fürs Leben".

Außerirdische

Durch das Gebet können wir – ohne Reisekosten – die himmlische Welt besuchen. Gebet ist der Pass, der uns erlaubt, die Grenze zu überschreiten. Jedes Mal, wenn wir beten, halten wir uns in dem Land auf, in dem wir später auf ewig leben werden. Wenn wir unser irdisches Leben von dort aus betrachten, verstehen wir vieles besser.

Als Betende haben wir jederzeit freien Zugang zu Gottes Thron. Während unser Geist in Gottes Welt ist, bleiben wir körperlich auf der Erde. Meistens jedenfalls, nicht wahr? „Ich kenne einen Menschen, der mit Christus eng verbunden ist. Vor vierzehn Jahren wurde er in den dritten Himmel entrückt. Gott allein weiß, ob dieser Mensch leibhaftig oder mit seinem Geist dort war" (2. Korinther 12,2). Na gut, das ist wirklich die Ausnahme.

Als Beter sind wir echte Außerirdische. Je mehr Zeit wir vor Gottes Thron verbringen, desto mehr wird unsere himmlische Identität durchschimmern. Wenn wir dann Entscheidungen treffen, werden die mehr von Gott als von uns selbst beeinflusst sein. „Wir dagegen haben unsere Heimat im Himmel. Von dort erwarten wir auch Jesus Christus, unseren Retter. Dann wird unser hinfälliger, sterblicher Leib verwandelt und seinem auferstandenen, unvergänglichen Leib gleich werden. Denn Christus hat die Macht, alles seiner Herrschaft zu unterwerfen" (Philipper 3,20-21).

Eines Tages werden wir dauerhaft im Himmel wohnen. Bis dahin sollen wir so auf der Erde leben, wie es zu Menschen passt, die eigentlich im Himmel zu Hause sind. Die Schwierigkeit dabei ist, dass wir uns einer Kultur anpassen sollen, die wir nicht sehen können und die uns nur selten bei anderen begegnet.

Wen wir im Gebet zu Gott gehen, dann schauen wir uns die himmlischen Verhältnisse an. Führen wir dann ein Leben, das zu den himmlischen Bedingungen passt, dann demonstrieren wir das Reich Gottes auf der Erde.

Zum Schluss

Seit Bill und ich damals für den Elefanten gebetet haben, sind fast zwanzig Jahre vergangen. Und es ist zweitausend Jahre her, dass Jesus seine Jünger aufforderte, um Elefanten zu bitten. Jesus sagt uns heute noch dasselbe. Sind wir bereit, in seinem Namen um alles zu bitten?

Seit ich mich mit diesem Thema beschäftige, haben sich mir Welten geöffnet, zu denen ich ohne das einfache, bittende Gebet nie Zugang gefunden hätte. (Übrigens habe ich nie darum gebetet, ein Elefanten-Buch schreiben zu dürfen. So viel dazu.)

Nun bleibt mir nur noch, für die Elefanten von euch Lesern zu beten. Und das tue ich eifrig. Ich habe Gott um hundert Millionen Elefanten gebeten für alle, die mit einem betenden Herzen dieses Buch lesen.

Ja, ich weiß, die Zahl ist etwas hoch gegriffen. Aber ich habe sie trotzdem so zu Gott gesagt. Ich hoffe nur, ich habe nicht für zu wenig gebetet. Vielleicht hätte ich lieber um das Doppelte bitten sollen? Aber die Zahl spielt nicht wirklich eine Rolle. Ich bete, dass Gott jedem Leser auf seine tiefe und einzigartige Weise begegnet.

Ich bete, dass Heilungen geschehen, Ehen wiederhergestellt werden, dass sich neue Arbeitsstellen auftun, Berufungen zustande kommen, spannende Abenteuer möglich werden, neue Karrieremöglichkeiten kommen, dass die Kinder sich gut entwickeln und in der Schule alles gut läuft, dass Freunde zum Glauben kommen, dass es einen freien Parkplatz gibt und alles, was mir sonst noch einfällt. Doch mein wichtigstes Gebet ist, dass jeder, der anfängt für Elefanten zu beten, Gott besser kennenlernt und bereit ist, seinen Willen zu tun.

Ganz zum Schluss noch eine letzte Geschichte von mir. Während ich an diesem Buch gearbeitet habe, ließ Gott einen meiner größten Elefanten los. Ich hatte mir so sehr gewünscht, eines Tages der Hauptpastor einer Gemeinde zu werden. Dafür bete ich seit über fünfundzwanzig Jahren. Für einen geistlichen Elefanten ist er also schon ziemlich alt und ich hatte fast gedacht, er würde nie mehr auftauchen.

Aber drei Tage bevor ich meinem Lektor dieses fertige Manuskript gab, kam der Anruf. Es war die Zusage, dass ich zum Hauptpastor einer Gemeinde in San Diego berufen wurde, die es schon seit rund hundert Jahren gibt. Sie heißt *La Jolla Christian Fellowship*. Jeder Leser, der hier in der Gegend vorbeikommt, ist herzlich willkommen, uns zu besuchen und mir seine Elefantengeschichten zu erzählen.

Über meine neue Stelle gäbe es viele spannende Dinge zu berichten, aber dafür ist hier jetzt nicht der Ort. Nur eines muss ich loswerden: Ich habe zusammen mit der Stelle auch eine mietfreie Wohnung bekommen!

Also: Willkommen im Klub der Elefanten-Beter! Wir wollen nicht aufhören, um unsere Dickhäuter zu bitten und Gott zu vertrauen!

Anmerkungen

1. Martin H. Manser, Autor (Hg.): *The Westminster Collection of Christian Quotations: Over 6,000 Quotations Arranged by Theme* (Louisville, KY: Westminster John Knox, 2001), S. 294.
2. Sie können auf der englischsprachigen Facebookseite „prayingforyourelephant.com" andere kennenlernen, die auch um „Elefanten" beten.
3. Blue Letter Bible, s.v. „thelō", www.blueletterbible.org/lang/lexicon/lexicon.cfm?Strongs=G2309 (Zugriff am 4.7.15).
4. http://biblehub.com/niv/john/15.htm (Zugriff am 4.7.15).
5. http://biblehub.com/kjv/john/15.htm (Zugriff am 4.7.15).
6. Lewis Howes, „20 Lessons from Walt Disney on Entrepreneurship, Innovation and Chasing Your Dream", Forbes, 17. Juli 2012, www.forbes.com/sites/lewishowes/2012/07/17/20-business-quotes-and-lessons-from-walt-disney/3/ (Zugriff am 4.7.15).
7. Gary Wolf, „Steve Jobs: The Next Great Thing", Wired, 2. April 1996, http://archive.wired.com/wired/archive/4.02/jobs_pr.html (Zugriff am 4.7.15).
8. „A Missiologist's Legacy: The Influence of Dr. Paul R. Orajala (Winter 2006)", Nazarene Theological Seminary, http://nts.publishpath.com/a-missiologists-legacy-the-influence-of-dr-paul-r-orajala-winter-2006 (Zugriff am 4.7.15).
9. Urban Dictionary, siehe unter „lost in translation" www.urbandictionary.com/define.php?term=lost+in+translation (Zugriff am 4.7.15).
10. C. S. Lewis: „Dienstanweisung für einen Unterteufel" (Freiburg: Herder, 1992), S. 21.
11. Craigslist ist ein zentrales Online-Netzwerk mit Anzeigenseiten für alle möglichen Bedürfnisse (Jobs, Wohnungen, Handwerker, Service, Foren usw.), das im englischen Sprachraum weit verbreitet ist. Aus: https://de.wikipedia.org/wiki/Craigslist (Zugriff am 28.8.2015).

12 Sally Errico, „Olive Oil's Dark Side", *New Yorker*, February 8, 2012, www.newyorker.com/online/blogs/books/2012/02/the-exchange-tom-mueller.html. Siehe auch: http://www.zentrum-der-gesundheit.de/olivenoel-qualitaet.html

13 Lyle W. Dorsett (Hg.): *The Essential C. S. Lewis* (New York: Touchstone, 1996), aus „The Efficacy of Prayer", S. 378-379 und 381. Hier ins Deutsche übertragen von Beate Zobel.

14 Alastair Jamieson, „Susan Boyle Could Be in Priory Clinic for Weeks, Says Doctor", *Telegraph*, 3. Juni 2009, www.telegraph.co.uk/culture/tvandradio/susan-boyle/5434811/Susan-Boyle-could-be-in-Priory-clinic-for-weeks-says-doctor.html.

15 *Lincoln Observed: Civil War Dispatches of Noah Brooks*, Hrsg. Michael Burlingame (Baltimore: Johns Hopkins University Press, 1998), S. 210.